水运工程监理培训用书

Feiyong Kongzhi

费 用 控 制

（第三版）

中国交通建设监理协会　**组织编写**
交通运输部工程质量监督局　**审　　定**
　　　　　　季永华　**主　　编**

人民交通出版社
China Communications Press

内 容 提 要

本教材主要介绍工程经济、工程计量、工程费用支付、工程索赔等工程投资及工程费用控制方面的基础理论、基本原则、基本流程等知识,结合水运工程施工监理的行业特性,具有一定的针对性和可操作性。

本教材可供水运工程监理工程师培训使用,也是水运工程监理工程师考试的教学用书,同时相关工程技术人员和监理人员在实际工作中也可参考使用。

图书在版编目(CIP)数据

费用控制/中国交通建设监理协会组织编写. —3版. —北京:人民交通出版社,2013.5(2024.12重印)
水运工程监理培训用书
ISBN 978-7-114-10635-4

Ⅰ.①费… Ⅱ.①中… Ⅲ.①航道工程—建筑造价管理—技术培训—教材 Ⅳ.①U615.1

中国版本图书馆 CIP 数据核字(2013)第 105739 号

水运工程监理培训用书

书　　名:	费用控制(第三版)
著　作　者:	中国交通建设监理协会
责任编辑:	韩亚楠　赵瑞琴
出版发行:	人民交通出版社
地　　址:	(100011)北京市朝阳区安定门外外馆斜街3号
网　　址:	http://www.ccpcl.com.cn
销售电话:	(010) 85285857
总　经　销:	人民交通出版社发行部
经　　销:	各地新华书店
印　　刷:	北京科印技术咨询服务有限公司数码印刷分部
开　　本:	787×1092　1/16
印　　张:	11.5
字　　数:	266千
版　　次:	2013年5月　第3版
印　　次:	2024年12月　第3次印刷
书　　号:	ISBN 978-7-114-10635-4
定　　价:	28.00元

(有印刷、装订质量问题的图书由本社负责调换)

《水运工程监理培训用书》编审委员会

主任委员：黄　勇

副主任委员：刘　巍　周元超

编写委员会：（按姓氏笔画排序）

　　　　　　王祖志　邓顺盛　田冬青　刘　文　刘志杰

　　　　　　刘　敏　许镇江　吴　彬　李　静　陈红萍

　　　　　　季永华　赵卫民　黄伦超　游　涛

审定委员会：（按姓氏笔画排序）

　　　　　　左旋峰　刘长健　吕翠玲　汤渭清　李　聪

　　　　　　苏炳坤　周　河　周立杰　唐云清　戴　中

序

　　交通运输行业是最早开展工程监理制度试点的行业之一,交通建设监理制度与项目法人责任制、招标投标制、合同管理制共同构成我国交通运输基础设施建设的"四项基本制度"。

　　为了提高公路水运工程监理人员的业务能力与水平,交通运输部工程质量监督局(原交通部基本建设质量监督总站)自1990年开始,组织行业内的有关高校编写了公路水运工程监理培训教材,并开展监理业务培训工作,到目前为止,先后有近20多万人参加培训,近7万人获得交通运输部颁发的公路水运工程监理工程师执业资格证书。作为交通建设监理队伍骨干的监理工程师和专业监理工程师,已经成为交通基础设施建设不可或缺的重要技术管理力量。

　　为满足公路水运工程建设监理业务教育培训需要,同时为参加交通运输部公路水运工程监理工程师过渡考试人员提供复习参考,中国交通建设监理协会组织相关专家学者对公路、水运工程监理培训教材(第二版)进行了修订完善。修订后的公路工程监理培训用书共分五册,分别是《监理概论》、《工程质量监理》、《工程进度监理》、《工程费用监理》和《合同管理》;水运工程监理培训用书共分六册,分别是《监理概论》、《质量控制》、《进度控制》、《费用控制》、《合同管理》和《机电设备控制》。

　　本套培训用书以我国公路水运工程建设实际和最新颁布的法规、标准、规范为依据,既注重工程监理基本理论、基本方法的阐述,又充分反映了工程建设管理和监理实践的发展与变化,同时兼顾了公路水运工程监理工程师过渡考试的相关要求,内容系统性与实践指导性并重,可满足广大公路水运工程监理人员学习及提高业务水平需要,同时也作为公路水运工程监理工程师过渡考试主要参考资料。

　　目前我国交通运输业正处于加快改革发展的重要战略机遇期,交通建设的持续发展,给广大立志从事工程建设监理事业的技术人员提供了更广阔的舞台,让我们不断提升自身业务素质与水平,进一步增强责任感与使命感,为交通基础设施建设的科学发展、安全发展做出新的贡献。

交通运输部工程质量监督局

2013 年 5 月

前　言

为满足水运工程建设需要，提高监理从业人员业务水平和现场工作能力，经交通运输部工程质量监督局同意，中国交通建设监理协会联合人民交通出版社于2012年10月10日在北京召开了《公路水运工程监理培训用书》修订工作会议，确定了编写大纲。在教材的修订过程中，编写人员吸纳教学过程中收集的意见和建议，结合水运工程建设实际和监理工作需要，力争体现国际和国内工程建设管理与工程监理领域的新理念、新方法、新进展，修订后的新教材经专家函审、编者修改、专家会审定后出版。

本教材是在水运工程监理培训统编教材(第二版)《费用控制》的基础上，结合国家新颁布的法律法规、有关水运工程监理的法规、规范性文件、部门规章以及工程监理的实践经验总结，紧密结合水运工程监理工程师注册资格考试和水运工程监理工程师培训的要求而修订完成的。

本教材由东南大学季永华副教授编写。

本教材由交通运输部工程质量监督局组织审定，由广州海建工程监理公司周立杰高级工程师主审，对本书的成稿和内容质量的提升提出许多建设性意见，在此向部工程质量监督局领导和主审专家表示衷心感谢！

限于编者的水平和经验，教材中谬误和疏漏之处在所难免，敬请读者批评指正。

编　者

2013年5月

目 录

第一章 绪论 1
  第一节 工程费用概论 1
  第二节 工程费用控制的监理原则 10
  第三节 工程费用控制的监理职责和权限 14
  思考题与习题 15
第二章 工程经济基础 16
  第一节 复利分析 16
  第二节 水运工程建设项目投资经济分析基本方法 23
  第三节 水运工程建设项目可行性研究 31
  第四节 设计阶段投资控制 35
  思考题与习题 54
第三章 招投标阶段费用控制 56
  第一节 概述 56
  第二节 水运工程工程量清单计价规范 58
  第三节 招投标阶段的费用控制 70
  思考题与习题 80
第四章 工程计量 82
  第一节 概述 82
  第二节 工程计量工作程序 87
  第三节 工程量计算规则 91
  思考题与习题 100
第五章 工程费用支付 101
  第一节 费用支付控制的必要性 101
  第二节 费用支付种类 104
  第三节 费用支付职责与权限 106
  第四节 费用支付的原则 107
  第五节 清单内项目支付 109
  第六节 清单外项目支付 114
  第七节 合同中止和工程停工后的支付 131
  思考题与习题 136
第六章 索赔费用支付 137
  第一节 概述 137
  第二节 索赔费用的计算与支付 142

第三节　索赔费用支付实例 ·· 148
　　思考题与习题 ·· 153
第七章　支付证书及相关表格 ·· 154
　　第一节　支付证书 ·· 154
　　第二节　支付表格 ·· 157
　　思考题与习题 ·· 172
参考文献 ·· 173

第一章 绪 论

[**本章内容要点**] 本章主要内容包括工程费用的基本概念和费用监理基本知识两大部分。工程费用基本概念中重点介绍工程建设项目投资活动,工程费用的组成、特点及影响工程费用的各种因素。费用监理基本知识中重点介绍工程费用监理与其他监理的关系、费用监理的原则以及费用监理的职责与权限。

第一节 工程费用概论

一、投资与投资控制

工程项目投资是投资主体为了实现某一特定的目的,而将其能支配的资源投入到现实社会建设事业中的一种活动。上面表述的"投资主体"是指出资人,"特定的目的"就是投资目的,"能支配的资源"就是投资资源。投资主体、投资目的和投资资源是完成一项投资活动的三个基本要素(简称投资活动三要素);缺少任何一个基本要素就无法完成一项投资活动。按投资主体是否直接参与投资项目的建设活动分为直接投资和间接投资。投资人直接参与工程建设的各项活动就是直接投资;投资人购买债券等行为将资金融资给项目建设者进行项目建设,而出资人不直接参与工程建设的各项活动,这种投资活动称为间接投资。

(一)水运工程项目投资活动的基本特点

水运工程项目投资是投资主体将资金直接投入水运工程项目,直接参与购、建工程项目。这种投资活动具有以下明显的特点:

1. 水运工程项目投资巨大

水运工程项目投资额往往是千万元或者数亿元级的,投资主体常常没有足够的财力(全部投资资金)完成整个项目的投资活动,往往需要通过各种方式进行融资借款,因而在这种活动中存在着筹集资金、债务的偿还等问题。

2. 水运工程项目投资必须带来资本商品的增益

投资主体出于对资本商品的需求,购买、新建、扩建、改建资本商品——工程项目,是为了新增或扩大生产能力,以取得未来更大的收益,这是投资目的所决定的。

3. 水运工程项目投资是资金的长期垫支,有风险,需要预期

水运工程项目耗资巨大,一旦资金投入建设过程中,其价值就被束缚在建设项目上,不能随意抽走,投入的资金只有通过项目营运期间的收益逐步收回,这个时间很长,项目建成需一

年甚至要几年,使用几十年,因此这种巨额资金的长期垫支具有极大的风险,具体表现在:

①未来的收益是否可靠?
②现在的投资能否达到投资目的?
③建设过程中技术上、费用上是否有保证?

对上述三个问题中的前两个问题的回答就是预期。预期就是在充分把握现有事实的基础上对未来的预测。投资行为不应是盲目的,投资尽管存在风险,但是风险必须在可控的范围内。为了控制投资风险,投资者对水运工程项目建设、运用、管理方面的现有知识,还应该包括技术、经济、法律法规等等其他方面的认识与实践经验。如果对拟建项目还有某些认识不足,也应及时补充必要的勘察、试验加以认证。而对于项目投资未来因素的变化趋势和状态,如经济和社会发展等因素对投资效果的影响以及可能产生的结果,则需要进行科学预测,这种预测也仍然以充分把握经济、社会等方面现有事实为基础。

如果前两个问题所孕育的风险可以得到控制,做出肯定的回答,那么建设过程中的风险就很突出。如技术问题不能彻底解决,自然条件发生重大变化,经费落实出了问题,出现意外事件等有可能会造成质量达不到要求、工期拖延、工程费用大幅度增加。如果建设中的风险超出了预期的风险范围,从而可能导致投资活动的失败。

4. 水运工程项目投资活动是以盈利或满足特定需求为目的的活动

水运工程项目投资要消耗大量资源,其目的就是要得到应有的补偿,对于某个方案只要盈利,则认为可行,不盈利,则认为不可行。在评价方案时,还应从国家整体利益出发,以满足特定需求为目的。

5. 水运工程项目投资活动必须是合理、可控的行为

投资活动既有明确的目的,又有风险,为把可能的风险限制在最小的范围,又要尽可能地达到目的,其行为过程和结果都应该是可控的。

因此投资主体在投资活动的各个阶段愿意聘请监理人或者相关技术专家帮助进行风险分析和控制,其目的是为了使风险得到有效控制。

为对决策风险进行控制,规定了投资前期必须认真进行可行性研究,并为决策阶段的行为制定合理的标准。

为对费用风险进行控制,要求在项目实施中参与各方的行为应受到严格的约束。认真落实《中华人民共和国标准施工招标文件》中的通用合同条款。推行监理制度,就是为了使费用发生的过程和结果合理,也是为了约束各方行为和创造外部约束条件。

(二)投资的基本要素

根据上述投资活动的定义,投资活动需包含不可分离的三个基本要素,即投资主体、投资目的和投资资源。投资的三个要素互相联系,有机地组成一个完整的投资活动,缺一不可。没有投资主体或投资主体不明,就失去了投资行为的发起人;没有人的主动性,就无法发起投资活动,更无人对其负责;没有目的或目的不明,就会使投资失去方向而成为盲目投资行为;当然,投资也不可能没有资源,否则,就会成为空中楼阁,无资可投。

目前,水运工程建设项目的投资主体逐步趋向多元化,由过去单一的国家投入,转变到国家、企业、个人、外商多方位的独立投资或联合投资。水运工程建设项目投资的目的,在于获得

盈利或满足特定的需求,促进经济的发展。

(三)投资控制

投资控制是指对工程建设项目投资活动全过程的控制。投资活动的全过程包括对工程项目设想、筹建、施工、竣工、投入使用,直至项目报废退出再生产一个完整的生命周期。

从项目设想开始,就要求投资主体认真进行可行性研究,对项目的投资总额和未来的收益进行全面的分析论证。只有确认项目可行才能立项,才可进入实施阶段。项目实施中要进行设计,设计完后进行实质性的购买活动、施工建造直到项目购建完成。正式投入营运后,要通过良好的经营管理,以取得预期的经济效益。投资控制从时间角度,习惯上将其分为投资前期、投资执行期和投资服务期,各个时期都有其相应的投资控制工作。

1. 投资前期

投资前期也称为项目的筹建时期,属项目投资准备阶段,是指从项目设想开始直到下达设计计划任务书为止的时期。在这个阶段,投资主体应按一定的规范程序认真进行可行性研究,确认工程项目在技术上和经济上是否有生命力和竞争力,认真进行风险分析和利润预测分析,最后作出投资决策。

可行性研究就是指在建设前期对工程项目的一种考查研究和系统分析,通过详细的技术经济论证,为判断是要建设还是放弃这个项目提供科学依据。《港口建设项目预可行性研究报告和工程可行性研究报告编制办法》《航道建设项目预可行研究报告和工程可行性研究报告编制办法》(以下简称《办法》)中明确指出,水运工程建设项目必须遵循国家规定的基本建设程序,首先进行可行性研究,编制可行性研究报告。《办法》中规定,港口建设项目、内河航运建设项目可行性研究的任务是:在充分调查研究和必要的勘察、科学试验工作的基础上,对项目建设的必要性、技术可行性和经济合理性提出综合论证报告。

可行性研究按其工作深度和要求不同,分为预可行性研究和工程可行性研究。只有预可行性研究报告经过评估、批准后才可立项,工程可行性研究报告经过评估、批准后才可下达设计计划任务书。

在这个时期,必须从项目设想逐步深入地完成对该项目的短期预期——投资额估算,以及对该项目的长期预期——项目投资经济评价。

2. 投资执行期

投资执行期包括设计、施工招投标、施工、竣工等阶段。

(1)设计阶段。设计阶段是指下达设计计划任务书开始到设计结束这段时间。在设计阶段,必须正确贯彻工程建设项目的意图,根据工程项目技术功能、质量要求,提出正确、合理的技术指标和参数,对工程项目的各个组成部分进行具体的结构、构造设计,并按设计方案做出设计概算,从而达到对该项目投资总额的控制。

(2)施工招投标阶段。投资前期的投资控制工作还都停留在纸面上的分析、论证、计算,绝大部分资金尚未被动用。一旦初步设计结束,设计概算经审查批准就成为投资控制额,再继续实施该项目就要动用工程建设资金。自招投标阶段开始工程费用控制工作就拉开了序幕。

国内工程建设项目招投标,发包人在施工设计概算的基础上编制"标底(最高招标控制价)",通过潜在投标人的竞争,发包人从中选出报价合理、综合实力优秀的承包人,通过授标初步实现购买意向;接着再和中标人进一步进行合同谈判,最后签订工程承包合同。签约后,中标人即成为负责建造该工程项目的承包人。招投标过程作为投资行为是纯商业活动,发包人不开价,投标人竞争报价,发包人从诸多投标人中选择合理的标价授标,完成购买意向,以双方同意的合同价格成交,交易完成。

工程建设项目(工程商品)的购销活动具有明显特点,一是先销售、后生产,购销活动在前,施工建造在后;二是工程商品的价值具有估算性,通过竞争形成的价格和最后的工程竣工结算价格常常不是完全一致,这就决定了工程项目费用控制的特殊性,也更要求交易双方行为的规范性、合理性、可控制性。

(3)施工阶段。施工阶段包括施工准备、正式施工、完工验收等环节。在这一系列环节中,发包人一方面通过合同价对工程费用进行预算控制,另一方面通过监理人按工程承包合同对工程费用进行结算控制。监理人不仅按合同要求控制工程费用,还要尽力控制监理成本,而承包人则根据工程合同及预算成本对施工生产的实际成本实施有效控制。

(4)竣工阶段。工程竣工后,发包人通过工程结算和项目决算,确定工程的实际造价。这一控制阶段是费用控制最后一个阶段,发包人购买工程商品活动成功,得到合格的永久性工程。质保期满,发包人得到满意的工程项目,建设工程项目决算后,承包人通过履行合同得到了全部报酬,合同双方权利和义务终止,费用控制工作全部完成。

3. 投资服务期

投资服务期即建设工程项目进入正式营运直至报废的阶段,少则十几年,多则几十年、上百年,这时期往往也被称为投资回收期,投资主体实行企业化管理,获取预期利润。将投资服务期除外的投资控制过程也称为狭义的投资控制。

(四)工程项目投资"四算"管理制度

工程项目投资管理实行"四算"制度,即在项目周期不同阶段,针对项目投资活动进行的前期投资估算、初步设计概算、施工图预算和竣工决算管理。

前期投资估算一般是指编审工程项目可行性研究报告时,在项目建设规模、技术方案、设备方案、工程方案和实施进度等基本确定的基础上估计投资总额。投资估算一般采用估算指标进行估计。

初步设计概算有时也称工程项目总投资,是针对项目初步设计方案,依据国家规定的标准、定额等技术经济参数,按工程量和计价依据计算的工程项目投资总额。初步设计概算应是比前期估算更加接近实际的投资总额。政府投资的项目,初步设计概算为最终批复或确定的项目投资。工程项目实际投资超过经批准的初步设计概算一定比例(如20%),需要重新上报审批。

施工图预算是根据施工详图(工程量清单)及预算定额编制,按分部分项工程、单项工程施工量计算出的工程建安费用总额。施工图预算管理是工程项目投资管理的重要环节,在项目施工建设过程中项目投资将由估算变为实际发生值。

竣工决算是指工程项目全部建设内容完成后实际发生的总投资额。竣工决算是工程项目投资管理的最后一个环节,在工程项目竣工验收阶段确认。政府投资项目竣工决算,一般需经有关审计部门审计认定。竣工决算审计报告是核定项目实际投资和办理固定资产交付使用的依据。

(五)费用控制

水运工程实行监理,费用控制是指从设计阶段、施工招投标阶段至竣工保修阶段结束为止的投资控制活动。关于投资控制及费用控制的各个阶段见图1-1。

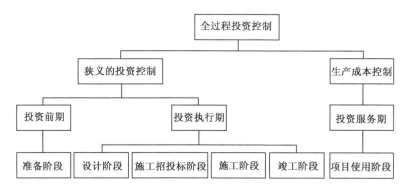

图1-1 水运工程投资控制阶段划分图

(六)投资额

为了对投资进行有效控制,就必须使投资数量化,有一个明确的数量指标,这个数量指标就是投资额。投资额是指为实现投资目的所耗费全部资源的总和。它从价值的角度,以货币指标来揭示投资的数量特征;它随着投资活动的逐步展开和深入而发生变化,并经多次计价,形成不同指标。例如,从国民经济和地区社会发展的要求,提出了在××地区建设××港的设想,在预可行性研究阶段就要把建港的设想变成规划,对该港应由哪些主体工程组成,如何布置,生产规模、生产能力及今后效益等,反复分析并形成具体的建设意图。在此过程中,每一步都要对投资额进行估算,对实现该意图在技术上的可能性和经济上的合理性进行分析。预可行性研究阶段要求主体工程达到方案设计的深度,对该项目的总投资额估算也应达到一定的精度;工程可行性研究阶段则要求主体工程达到初步设计的深度,项目总投资额估算也要达到相应的精度。

不管可行性研究处于哪个工作阶段,对建设项目投资总额的估算,基本上包括以下费用项目,见图1-2。

1. 固定资产投资

固定资产直接投资是指为形成建设项目并发挥其功能的永久工程全部费用,即形成该建设项目全部固定资产(永久工程)的全部费用,也就是工程造价。

2. 流动资产投资

流动资产投资是指为保障该项目正常使用的服务费用,是该项目能正常运行并发挥效益所发生的全部费用,也就是需准备的流动资金,主要用于工程维护(养护)和营运成本费用。

例如,新建某一港口,为形成该港口所有建筑物实体所发生的费用,即完成该项目的工程造价为固定资产直接投资,包括永久工程和永久设备,如防波堤、码头、堆场、仓库、道路、装卸机械等的费用。而为使这些固定资产正常运行、发挥功能、取得效益而发生的管理人员工资、办公费用、进港航道等设施的维护、养护等费用都属于流动资产投资。

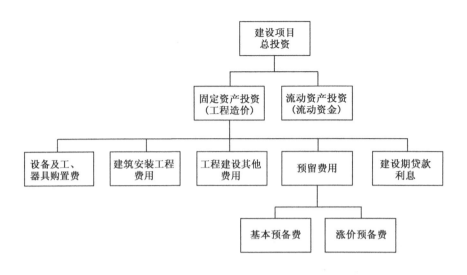

图 1-2　我国现行建设项目总投资及工程造价的构成示意图

(七) 投资动态管理

工程项目投资的动态管理是指工程项目建设全过程投资的变动管理,贯穿于项目投资建设的每一个阶段。工程项目投资动态管理的基本理念是,工程项目从前期策划和决策、开工建设至竣工投产各阶段始终处在市场变化的过程中,其资源与产出品价格受到市场供求关系影响,存在一些未知因素和不确定性,进而影响投资变化并直接影响工程项目的效益。

投资动态管理有两层含义:一是工程项目从前期策划到竣工投产,其投资是由粗到细、循序调整的过程;二是工程项目投资应随市场变化及未知因素的变化适时调整,即"静态控制,动态管理"。工程项目实际完成的总投资为动态总投资。

(八) 审批制项目行政管理程序

《国务院关于投资体制改革的决定》要求,对使用政府性资金投资建设的项目,实行审批制管理。各级政府投资主管部门,如发展改革部门,牵头负责政府投资项目的审批工作。政府其他管理部门,如城乡规划、国土资源、环境保护等部门,会同投资主管部门建立项目管理联动机制,分别在各自职能范围内对项目实行管理。

审批制项目的具体行政管理程序,在《国务院办公厅关于加强和规范新开工项目管理的通知》中有明确规定:实行审批制的政府投资项目,项目单位应首先向发展改革等项目审批部门报送项目建议书;第二步,项目单位依据项目建议书批复文件分别向城乡规划、国土资源和环境保护等政府部门申请办理规划选址预审、用地预审和环境影响评价审批手续;第三步,项目单位向发展改革等项目审批部门申报可行性研究报告,并附规划选址预审、用地预审和环境影响评价审批文件;第四步,项目单位依据可行性研究报告批复文件,向城乡规划部门申请办理规划许可手续,向国土资源部门申请办理正式用地手续;最后,项目单位依据相关批复文件,向建设主管部门申请办理项目开工手续。项目单位提供的相关项目文件、报告等,必须满足国家发展改革委和其他行政管理部门颁布的一系列相关标准、规范和格式要求。

二、工程费用

(一) 工程费用的概念

工程费用是工程造价的组成部分,它是指生产活动中各种资源消耗或费用支出而形成的建筑工程费和安装工程费的总和,也称建筑安装工程费。它是工程造价的主要组成部分和直接基础,一般要占总造价的60%~80%。

建筑工程费即通常所说的土建工程费,一般包括桩墩、基础、平台、泊位、防护设施等工程的费用。安装工程费,即为使项目正常运作,除土建工程以外的大型装卸机械、设备、工具、器具及办公、生活家具的安装费用。

(二) 工程费用的组成

1. 直接工程费

直接工程费是指直接构成建设项目实体的有助于工程形成的各项费用,包括直接费、其他直接费及现场经费。

(1) 直接费。直接费是指完成某一工程建设项目的施工任务而直接体现于工程上的费用,包括消耗在施工中的全部人工费、材料费及机械使用费。即直接使生产资料转移而形成永久性工程所投入的费用。

(2) 其他直接费。其他直接费是指概预算定额中所计列以外的属于直接用于工程实体的费用,包括冬季施工增加费、雨季施工增加费、夜间施工增加费、沿海施工增加费、行车干扰工程施工增加费及施工辅助费等。不同的工程定额所计列的费用项目不同。

(3) 现场经费。现场经费包括现场临时设施费以及管理费。临时设施费指施工企业所必须的生活和生产用的临时建筑物、构筑物及其他临时设施的修建、维修和拆除或摊销的全部费用,不包括概预算定额中的临时工程。现场管理费指在工地现场发生的有关管理费用,包括以各类工程定额直接费为基数计算的基本管理费用和其他单项费用。

2. 间接费

间接费是指现场以外为工程建设项目提供服务管理的费用,包括企业管理费(含上级机构管理费)和财务费用两部分。企业管理费指施工企业为组织施工生产活动所发生的管理费,包括企业管理人员的基本工资、工资性津贴、职工福利费、差旅费、办公费、固定资产折旧修理费和工具使用费、工会经费、职工教育经费、劳动保险费、职工养老保险费等。财务费用指施工企业为筹集资金而发生的各项费用,如利息支出、金融机构手续费等。

3. 利润和税金

利润是施工企业在完成工程建设项目任务后应取得的利润。而税金是指综合税金额,按国家有关规定应计入建筑安装工程造价内的营业税、城市建设维护税收及教育税附加。

三、工程费用特点

工程商品本身及其建造过程同其他工业产品相比,虽然有生产上的阶段性和连续性、组织上的专门化和协作化等共性,但也有许多特点。

(一) 工程商品的特点

1. 工程商品的固定性

工程项目建造在预先选定的地点,建成后不能移动,只能在建成的地点使用,即建造地点在空间上的固定性。

2. 工程商品复杂、多样

水运工程项目很多,各自的使用要求、规模、设计、结构类型等各不相同。即使是同一类型的,也因所在地点、环境条件不同而彼此相异,因此,水运工程项目不能像一般工业产品那样进行批量生产。

3. 工程商品体型庞大

工程商品,无论是房屋、桥梁、港口、码头,与一般工业产品相比,其形体远为庞大。

4. 工程商品的综合性

工程商品是一个完整的固定资产实物体系,不仅具有土建工程的艺术风格、建筑功能、结构构造等方面各具特色的复杂产品,而且工艺设备、供水供电、仓储堆场等各类设施错综复杂。

(二) 工程商品施工生产的特点

1. 施工生产的流动性

工程商品的固定性决定了施工生产的流动性。一般的工业产品,生产者和生产设备是固定的,产品在生产线上流动。而工程商品则相反,如港口、码头等,产品是固定的,生产者和生产设备不仅要随着建造地点的不同而流动,而且还要随着施工部位的改变在不同的空间流动。

2. 施工生产的单件性

正是由于工程商品的多样性、复杂性,从而决定了工程施工的单件性,不同的甚至相同的建筑物,在不同的地区、季节及现场条件下,其施工准备工作、施工工艺和施工方法等也不尽相同,都是单个定做,不可能批量生产。

3. 施工生产的工期长

这是由于工程项目形体庞大,复杂多样,使施工工期长。小的项目工期为一年半载,较大的水运工程项目施工期限达若干年,这就需要事先有一个合理的施工方案,尽可能缩短工期,使工程项目早日发挥效益。

4. 施工生产的复杂性

工程商品的综合性决定了施工的复杂性。

工程商品的施工几乎都是露天作业,甚至有的是地下作业、水下作业、高空作业,加上施工的流动性和单件性,必然造成施工的复杂性。也就是说,建筑产品必须经受环境的考验,同时它也对环境产生影响,其生产过程必须能适应和利用当地、当时的环境。不仅如此,还要从安全等方面综合考虑,使永久性工程施工得以顺利进行。

(三) 工程费用支付的特点

上述工程商品及其生产的特点,决定着其费用支付有着自身的特点。

1. 单价性

由于每个建设工程产品都有着不同的质量标准和功能要求,都需要单独制作,因而其定价就是按质论价;半成品、成品的价格是按单位或分项工程量来定价。

2. 采用期货价格

工程商品资金量大的特点,决定了它不可能作为现货出售,而是一种期货商品,必须预先定价(如概、预算,双方签订合同价格等),并且在施工过程中按工程进度分期支付。

3. 费用支付时间长

建设项目工程量大、工期长,耗资量也大,决定了工程商品的生产过程与支付过程必须相对应,即边生产边支付,同其他商品的"一手交钱,一手交货"是不同的。

四、工程费用影响因素

水运工程项目工程量大、工期长、耗资巨大,工程费用受各种不确定因素的影响,归纳起来有如下几种:

1. 设计因素

一方面设计直接决定了工程费用的预测值,是工程费用高低的决定性因素之一。无论是设计概算、施工图预算或施工预算,还是标底、报价,都是根据设计图纸计算工程量,然后采用不同的定额对工程费用的大小进行预测。因此,工程费用的各种预测方法都是以设计为基础,如果设计不合理,各类预测值就不可能准确。另一方面,施工活动直接以设计图纸为依据,即按图施工,如果设计深度不够,脱离工程项目所在地的实际情况,必然导致施工活动中出现大量的设计变更,从而使实际支付的工程费用远远超过签订合同时的预算数额,导致工程费用失控。

2. 施工因素

工程费用直接取决于工程项目施工生产的成本。因此,施工是直接影响工程费用的关键因素之一,包括施工技术、施工管理和施工方法三个方面。施工技术陈旧,施工方法落后,施工管理不善,都将大大增加承包人的实际施工成本。而实际成本的加大,承包人为了实现自己预期的利润目标,就必然采取种种办法,如工程变更、工程索赔等,要求增加工程费用,寻找费用补偿,甚至导致工程无法继续施工,从而使工程费用失去控制。

3. 合同因素

合同是工程费用计算和支付的依据,合同条件的科学性和公正性,将直接影响工程费用。如果合同条款不明确或有漏洞,必然使工程费用无法准确计算,并在支付时发生争执;如果合同内容不公正,必然导致承包人抬高价格以保护自己的利益。如合同中没有调价条款,投标人为了自己在以后的施工活动中不遭受物价上涨的损失,便会根据自己估计的物价上涨率计算物价上涨费,并将这笔费用摊入报价。在施工过程中,监理人根据合同文件确认工程价值,承包人也根据合同文件提出付款申请,若其用词含糊不清或有漏洞,将导致工程费用无法准确估价和支付。

4. 发包人管理因素

在工程项目建设过程中,发包人的责任就是根据合同条件解决施工外部条件,及时提供设计图纸等。如发包人没有及时提供施工现场、没有及时提供设计图纸和没有按时付款等,都将直接导致承包人的索赔,以致工程费用增加。

5. 监理人因素

监理人是工程费用的直接确认者,对工程费用控制有着至关重要的作用。如果监理人不严格按监理守则办事,工作不认真,或工作不负责任,或监理措施不得力以及缺乏公正的立场等,都将导致工程费用的增加。

6. 社会环境因素

工程项目建设也是一种社会活动,必然受社会环境的影响,其中主要有物价因素、后续法规因素、汇率因素、社会风气因素和影响工程施工的其他因素(如战争、动乱等)五种对工程费用的影响较大。物价、法规、汇率的变化将直接导致工程费用增加。社会风气主要指不正之风对建设项目的影响,包括建设地区的群众对工程施工阻挠,对发包人、监理人、承包人等工程项目建设参与者的影响,它间接地使得工程费用增加。其他因素中诸如战争、动乱等,一旦发生,也会引起工程费用增加。情况严重时,甚至会导致工程下马,合同终止。

7. 自然因素

不管水运工程项目的规模大小,自然因素始终是影响工程费用的主要因素之一。常规的自然因素在设计时已作了考虑。但在实际施工时,还会遇到各种异常的自然条件,如洪水、暴雨、地震、无法预见的埋藏物及意外的地质条件等。这些情况一旦发生,就将直接增加工程费用。

第二节 工程费用控制的监理原则

一、监理与监理系统

从科学的定义来说,监理是指按照一定的条件和预定的目标,对建设过程中一系列事件施加影响,使其达到合同目标的一种有组织的行动。监理作为一个科学概念,具有以下几个特点:

1. 监理由监理主体和受监理对象组成

监理是一种有目标的行动,是为了达到一定的目的所进行的监督管理活动。没有监理主体,监理的行动就无从产生;没有受监理对象,监理的行动就不能产生作用。在此,监理主体就是监理人或总监理工程师,受监理对象即承包人。

2. 监理是为了达到合同目标

监理概念中最本质的属性就在于它必须具有目标。没有目标,就无所谓监理。监理就是指监理主体要求承包人在合同条件允许的范围内进行活动,一旦越轨,就得采取调控措施,纠正偏差,最终达到合同约定的目标。

3. 监理主体必须具有强劲的调节功能

在监理系统中,监理主体要求承包人按照合同的要求施工,而不偏离合同,这就要求监理主体本身必须具备强劲的调节功能。否则,监理主体将会失去监理能力,承包人也将不按合同条件施工。监理人调节功能的大小是由合同赋予他的权力和他自身具备的能力所决定的。

4. 监理必须依靠信息

在工程项目监理过程中信息的及时反馈十分重要。承包人发生偏离目标的信息、监理主体发出监理指令、纠偏措施的信息和承包人关于监理指令、纠偏措施作出响应的反馈信息,组成了监理信息系统,沟通了监理主体与受监对象之间的联系。没有信息的传递线路,双方就会失去联系,承包人得不到监理主体的行动指令,监理主体也得不到反馈信息,如此就谈不上对工程项目实施有效监督与管理。

综上所述,监理系统必须具备监理人、承包人、监理目标、调节功能、信息反馈五种基本因素,除去任何一项,都不能构成一个完善的监理系统。工程项目监理根据工程建设项目的基本目标和内容由六个部分所组成,即工程质量控制、工程费用控制、工程进度控制、安全监理、环保监理和工程合同管理。六部分相互联系,共同实现对工程建设项目的监理。前三者属于工程项目的三大控制,安全监理、环保监理属于工程项目的二大监督任务,合同管理则是实施这三控制、二监督的共同基础。

二、工程费用控制

工程费用控制是指监理人按合同文件,依据工程实际情况对工程费用的计算与支付实行监督管理。工程费用控制是投资控制中的一项关键工作和主要环节,具有极其重要的作用。进行有效的费用控制,一方面直接关系到工程造价和投资效益,关系到合同的实施和投资目标的实现,另一方面也是保证监理人采取监理措施,有效地进行质量控制、进度控制、安全监理、环保监理的有力手段。工程费用控制直接涉及发包人与承包人的经济利益,是各方都关注的焦点和核心。因此,搞好费用控制,是保证工程项目施工任务顺利完成的前提和条件。

工程费用控制的内容包括各项工程费用。施工活动中所发生的费用都应计价、记录,为各项工程费用的签认与支付做好准备。

工程费用控制的目标是组织和协调好发包人与承包人之间的收支行为,使他们之间发生的每一笔工程费用都符合合同的要求,并且做到准确合理。

工程费用控制的核心工作是工程计量和费用支付,由于《水运工程标准施工招标文件》采用以单价为基础的支付办法,所以监理人除了控制好合同中工程量清单所列各项费用的计量与支付外,还应对合同中清单之外的各类费用支付进行严格监理,尽可能减少各类附加费用。

三、三大监理控制间的关系

费用、质量、进度三大控制和合同管理既相互独立,又相互联系,其基本关系如图 1-3 所示。

1. 工程费用控制与合同管理

费用控制必须以合同管理为基础。费用控制并不等于合同管理,它有自身的特点和相对独立性,是合同中各类经济关系的全面反映,同时,揭示了工程项目施工活动的经济本质。

合同管理作为三大控制的基础,为费用控制提供了有关对合同文件全面理解的基础和合同执行过程中对各种问题合理处理的基本精神和要求。因此,工程承包合同管理的好与坏,很大程度上决定着工程费用控制的成败。

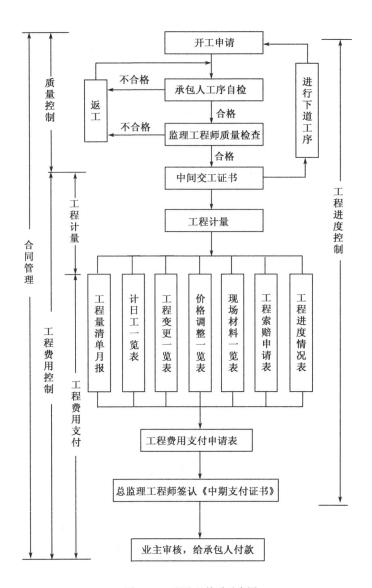

图 1-3 工程监理关系示意图

2. 工程费用控制与工程质量控制

监理人在监理过程中,制约承包人施工行为有三个基本手段,即质量否决权、工程计量权以及费用支付审核(签认)权。只有质量合格的工程才能被计量,也只有质量合格的工程才能被监理人认定其价值。从这一点上说,工程费用控制必须以质量控制为基础,同时,也只有通过费用控制,才能保证监理人实现质量控制。如果承包人施工的工程质量不合格,虽被监理人否决,但由于监理人没有计量权、费用支付审核、签认权,承包人仍然可以不通过监理人而直接从发包人那里得到工程款,那么,监理人的质量否决权对承包人就没有任何约束作用,则必然导致监理人在现场形同虚设。因此,计量和支付是制约承包人严格遵守合同,准确地按设计图纸进行施工的两个基本手段。

3. 工程费用控制与工程进度控制

工程费用控制既是进度控制的基础，又是进度控制的基本手段。承包人的工程进度完成情况必须以工程计量为基础，换句话说，只有通过工程计量才能掌握承包人最真实的施工进度。若工程进度达不到规定要求，甚至出现延误，可通过支付时扣减、停付工程款甚至驱逐承包人等手段来迫使承包人改进施工方法，改善施工管理，达到要求的进度。

综上所述，工程费用控制与其他监理工作紧密结合在一起，相互制约、相互联系，共同实现对工程项目的监理。安全监理、环保监理应该与质量监理完全同步。工程费用控制是保证其他监理工作顺利实施的前提和关键。通用合同条款也正是以计量支付为核心来确立监理人在施工过程中的主导地位，几乎在每项条款中都间接或直接地反映了计量与支付的有关内容，这从一个侧面反映了搞好费用控制的监理工作十分重要。

四、工程费用控制的监理原则

工程费用控制是工程监理的主要调控手段、关键性工作环节。根据《水运工程施工监理规范》和《水运工程工程量清单计价规范（JTS 271—2008）》规定，在工程费用控制中，监理人必须遵守以下基本原则。

1. 依法原则

费用控制的监理工作本身是一项政策性、法律性、经济性和技术性都很强的工作，必须依据国家法规、技术标准和合同文件等有效控制工程费用。要严格遵守国家的法律和制度，正确处理国家整体利益、发包人利益和承包人利益的关系。监理人必须做到经签认的每一笔工程费用都符合我国有关政策的规定和要求，并协调好发包人与承包人的利益关系。

2. 质量合格原则

工程费用控制与质量控制有着极为密切的关系，它既直接以质量控制为基础，又是质量控制的基本保障。当然，两者的内容和侧重点不同，质量控制是对工程项目施工各环节中的工艺、技术以及所用材料的质量进行全面监督和管理。另外，对承包人所完成工程与设计图纸、技术规范等进行分析对比，并对工程性能进行检测，以判断其是否满足合同规定要求。而费用控制主要是通过计量、支付，对承包人的施工活动及成果进行计量并估价。对报验资料不全、与合同文件约定不符或质量不合格的工程，不予进行工程计量。

3. 期限原则

承包人完成工程项目，工程质量经监理人检查并确认其合格，工程量的计量结果经监理人确认后，承包人提出付款要求，则监理人应在规定的期限内签认工程付款申请。

4. 公正原则

监理人是作为独立的中介人参与工程项目管理的，工程费用支付的审核、签认直接涉及发包人和承包人的经济利益，因此，监理人必须恪守合理、公正的原则。

保持公正立场，是对监理人进行费用控制最起码的要求，如果监理人缺乏公正，就不能准确地进行工程计量，不能正确地作出判断，从而直接影响发包人与承包人之间公平交易。特别是当施工过程中发生工程变更、工程索赔等情况时，更要求监理人独立而公正地作出判断，既不偏向发包人,也不偏向承包人。在《水运工程施工监理规范》中,非常明确地指出"对工程费用的索赔应合理、公正。"监理人必须以实事求是的精神,认真负责地做好每一项工作,确保自己始终站在客观、公正的立场上。

目前在有些项目监理中,发包人由于对工程费用控制的监理工作理解不准确,往往认为监理人只有使实际支付的工程费用少于承包合同签订的合同价,才算监理人在费用监理中做出了成绩,一旦实际支付的工程费用超过了原定的合同价格,就认为监理人没有搞好费用控制,这其实是一种片面的、不正确的看法。因为监理的中立立场决定了其行为的客观性、科学性,费用控制的监理目标是使实际支付的工程费用合理,符合合同的要求,而并不是使实际支付的工程费用等于或少于合同价。影响工程费用的因素很多,其中不少因素是无法预料、无法控制的。

第三节 工程费用控制的监理职责和权限

监理人受发包人委托,对建设工程项目的合同、质量、进度、费用等进行全面的监督和管理,因此,必须明确其职责,并围绕这些职责确定其工作目标、工作责任及落实相应的人员和工作条件,从而使整个监理工作职责分明,井然有序。另一方面,在明确职责的同时,还必须明确权限,否则,无论职责如何明确,由于没有明确权限,最终都将无法完成监理任务。

监理人在工程费用控制中的职责和权限主要从工程计量和工程费用支付两个方面来体现。也就是说,只有对工程计量和工程费用支付拥有监理权,才能真正搞好费用控制的监理工作。若对工程计量无权过问,就无法准确掌握实际完成的工程量,无从确定工程价值。若对工程费用支付无权过问,就无法保证工程费用支付是否符合合同要求,无法利用经济杠杆协调发包人与承包人在施工活动中的关系,从而不仅不能完成工程费用控制的监理工作,而且还直接影响监理人对工程质量和工程进度进行监理,最终导致无法对整个承包合同实现严格管理。

工程费用控制的监理职责和权限主要体现在以下两个合同文件中,并且给予明确规定。

1. 发包人与监理人签订的工程监理服务合同

该合同全面明确监理人和发包人双方的权力和义务,明确监理人的职责范围。监理人必须遵守该合同中所规定的职责,否则,他将对自己失职所造成的损失负责。同时,他还必须严格遵守该合同中规定的权限,不得越权,否则,他也同样承担由此而造成的后果。如监理人不得在发包人无书面同意的情况下,将监理合同中规定的监理人义务、权力或款项随意转让给他人。又如总监理工程师认为必要时,可对合同作出微小修改,但对实质性的修改,应事先取得发包人的书面认可,因为实质性的修改将直接涉及到发包人的重大利益,此时监理人无权在没有发包人书面同意的情况下作出决定。又如,对于工程变更,一般也应同发包人协商并取得同意等。这些方面的约束和限制,都应该在合同中明确,并采用由发包人授权的方式来落实其权限。

2. 发包人与承包人签订的工程承包合同

发包人与承包人签订的工程承包合同文件,包括合同协议书、合同条件、工程量清单、技术规范、来往函件等。在合同的通用条件中明确了监理人的职责和权力,在专用条件中则明确对权力的限制。

此外,国家法律和政府有关职能部门的相关政策、规章制度对监理人的职责和权力从外部加以约束和限制。因此,监理人在履行合同规定的职责和行使合同所赋予权力的同时必须自觉接受政府的监督。

有关监理人在工程计量和工程费用支付中的具体职责和权限将分别在第四章和第五章中详细介绍。

思考题与习题

1. 试述工程建设项目投资的概念及投资的基本要素。
2. 掌握投资控制的概念,分析投资控制的各个阶段对投资控制的影响。
3. 掌握投资额的概念,分析它的组成内容。
4. 掌握工程费用的概念,分析它的组成内容。
5. 分析说明工程费用有哪些特点?
6. 影响水运工程项目费用的主要因素有哪些?
7. 联系实际分析说明计量和支付是监理人的重要控制手段。
8. 工程费用控制的监理原则是什么?
9. 工程费用控制的监理职责和权限有哪些?如何明确?
10. 简述工程项目投资"四算"管理制度的主要内容。

第二章 工程经济基础

[**本章内容要点**] 本章主要介绍工程经济基础理论,水运工程建设项目可行性研究的基本概念以及设计概算控制的概念。重点介绍资金的时间价值理论;水运工程建设项目经济分析与评价的方法;水运工程建设项目可行性研究的意义、方法、内容;设计概算控制的主要工作内容。

第一节 复利分析

一、资金时间价值

在技术经济分析和评价中,无论是考察单个投资方案的技术经济效果,还是对多个投资方案进行对比分析评价,在测算每一个方案所消耗的人力、物力、资源和所获得经济效益时,它们最终都是以货币的形式表现出来的。例如,有甲、乙两个投资方案,经济寿命期相同,投资及所实现的生产能力也完全相同,所不同的只是甲方案的投产时间比乙方案早两年,这时,根据常识我们可以判定甲方案优于乙方案,因为甲方案投产时间早,投资发挥的作用早。又例如,甲、乙两方案投资数额相同,年收益及寿命期也相同,不同的是甲方案一次全部投入,乙方案分期投入,具体投资数额见表 2-1。

甲乙两方案现金流量表(单位:元)　　　　表 2-1

投资时间(年)	0	1	2	3	4	5	6
甲方案	-10 000	0	3 000	3 000	3 000	3 000	3 000
乙方案	-5 000	-5 000	3 000	3 000	3 000	3 000	3 000

从现金流量表 2-1 可以看出,投资总额与收益总额均相同,不同的只是乙方案投资总额中一半的投资时间推迟了一年。在乙方案中第一年少投资了 5 000 元,这 5 000 元在第一年中还可用在别的投资机会中,所以乙方案优于甲方案。

通过以上两个简单例子的分析,不难发现,即使是相同数额的资金,在不同的时间里其价值也是不同的。也就是说,今天的 100 元和明年今天的 100 元的价值是不一样的。因为今天到手的钱存在着再投资获利的机会或者能够马上满足消费需要的好处,未来的钱存在着到时候拿不到,或者拿到时已买不到所需的东西而蒙受损失的风险。不同时间发生的等额资金在价值上的差别称为资金的时间价值。也就是说,将资金投入到生产或流通领域,随着时间的推移,资金不断运动,从而可产生资金的增值。

在这里需要明确指出的是:资金的时间价值和通货膨胀引起的货币贬值不同。通货膨胀是指国家为了弥补财政赤字大量发行货币,货币的发行量超过商品流通中的实际需要量所引起货币贬值的现象。而资金的时间价值是一个普遍的现象,资金是属于商品经济范畴的概念,在商品经济条件下,资金伴随着生产与交换的进行而运动,在生产与交换活动中产生资金增值。资金增值的实质是劳动者在生产过程中创造的剩余价值。因此只要商品生产存在,资金就具有时间价值。

对于资金的时间价值,可以从投资者和消费者两个角度来理解。从投资者的角度来看,资金的增值特性使资金具有时间价值,正是资金时间价值的存在给投资者带来了投资收益,激发了投资者的投资冲动。从消费者的角度来看,资金一旦用于投资,就不能用于现期消费,牺牲现期消费是为了能在将来得到更多的消费,因此,资金的时间价值又可以理解为对放弃现期消费损失所作的必要补偿。资金时间价值的大小取决于多方面的因素,从投资角度看主要有以下三个因素:

(1)投资利润率,即单位投资所能取得的利润;
(2)通货膨胀因素,即对因货币贬值造成的损失所应得到的补偿;
(3)风险因素,即对因风险的存在可能带来的损失所应得到的补偿。

二、利息与利率

在借贷关系中利息反映了资金的时间价值,在工程经济分析中,对资金时间价值的计算方法与银行利息的计算方法基本相同。实际上,银行利息也是一种资金时间价值的表现方式。利息是银行占用储户资金应所付的代价,或者说利息是储户放弃使用资金应该所得的报酬。利息通常根据利率来计算。利率是资金时间价值占原资金价值的百分率,是在一个计息周期内所得的利息额与借贷金额(即本金)之比,一般用百分数表示。

若用 i 表示利率,P 表示本金,I 表示利息,则:

$$i = I/P \times 100\% \tag{2-1}$$

上式表明,利率是单位本金经过一个计息周期后的增值额。利率根据计息的周期不同,可以用年利率、月利率、日利率来表示。以后,除特殊说明外,一般都是指年利率。

利息的计算有单利计息和复利计息之分。

1. 单利计算

单利计息时,每期只对原始本金计息,对所获得的利息不再计息。其利息的计算公式为:

$$I_n = P \cdot i \cdot n \tag{2-2}$$

式中:n——年数;
P——原始本金;
i——利率;
I_n——n 年后的利息。

若要计算 n 年后的本金和利息共为多少,设 n 年后本利和为 F,则:

$$F = P(1 + i \cdot n) \tag{2-3}$$

2. 复利计算

复利计息时,不仅计算本金的利息,而且前期利息还要计息。即按规定每个计息周期结息一次,结息后将上期的利息并入本金作为本周期计算利息的本金,继续计息。这种"利滚利"的计息方式称为复利计息法。

设本金为 P,利率为 i,本利和为 F,利息为 I,计息周期数为 n,则一笔本金 P 在每个计息周期末的本利和为:

第一期末的本利和　　　$F_1 = P \cdot (1+i)$

第二期末的本利和　　　$F_2 = F_1 \cdot (1+i) = P \cdot (1+i)^2$

第三期末的本利和　　　$F_3 = F_2 \cdot (1+i) = P \cdot (1+i)^3$

……

第 n 期末的本利和　　　$F_n = F_{n-1} \cdot (1+i) = P \cdot (1+i)^n$

于是,复利计算本利和的公式为:

$$F = P \cdot (1+i)^n \tag{2-4}$$

复利计息较单利法而言,虽然复利法的计算烦了一些,复杂了一些,但从资金在整个生产过程中运动的实际情况来看,采取复利计息法计算更符合资金的运动规律。因此,在技术经济方案分析中,对货币资金的时间价值,一般都采用复利法计算。

在经济分析中,按复利计息,资金随时间变化而增值。时间增值按复利计息的,我们称为"动态计算";时间增值按单利计息的,称为半动态(或半静态)计算;不考虑时间因素(不计时间价值)的计算则称为静态计算。

3. 名义利率和实际利率

在工程经济分析中,一般计息周期与利率周期是相同的。但在实际经济活动中,计息周期也可能有与利率周期不相同的情况,如年利率为12%,每月计息一次。当利率周期与计息周期不一致时,就出现了名义利率和实际利率的概念。所谓名义利率,是指计息期利率乘以每年的计息期数。当年利率为12%,每年要计息12次,这12%就是名义利率,12% = (1% × 12),其中1%为每个月的实际利率,每个计息周期所对应的利率就是实际利率。通常所说的年利率都指名义利率。如果不对计息期加以说明,则表示一年计息一次,此时的年利率既可称为名义利率,也是实际利率。

设名义利率为 r,一年中计算利息 n 次,每次计息的利率为 r/n。根据复利计算公式,一年末的本利和为:

$$F = P(1 + r/n)^n$$

上式中 P 为本金,利息应为本利和 F 与本金 P 的差额,即:

$$I = F - P = P(1 + r/n)^n - P$$

又按利率的定义,利息与本金之比为实际利率,则实际利率 i 为:

$$i = I/P = [P(1 + r/n)^n - P]/P = (1 + r/n)^n - 1 \tag{2-5}$$

从上式可以看出,当利息周期为一年时,实际利率等于名义利率;当计息周期小于一年时(即 $n>1$),实际利率大于名义利率;当名义利率越高、计息周期越短(即一年中计息次数越多),则实际利率与名义利率的差值就越大。

4. 间断复利和连续复利

复利计息有间断复利和连续复利之分。如果计息周期为一定的时间区间(如年、季、月等),称为间断复利;如果计息周期无限缩短,则称为连续复利。从理论上讲,资金是在不停地运动,每时每刻都在通过生产领域和流通领域增值,因而应该采用连续复利计息,但是实际使用中都采用间断复利计息。

在采用连续复利计算时,计息周期无限缩短、计息次数无限增多(n 趋于无穷大),则式(2-5)为:

$$i = \lim_{n \to \infty} (1 + r/n)^n - 1 \tag{2-6}$$

可变化为:
$$i = \lim_{n \to \infty} [(1 + r/n)^{\frac{n}{r}}]^r - 1$$

因为
$$\lim_{n \to \infty} (1 + r/n)^{\frac{n}{r}} = e$$

则
$$i = \lim_{n \to \infty} [(1 + r/n)^{\frac{n}{r}}]^r - 1 = e^r - 1 \tag{2-7}$$

式中 $e = 2.71828$。

式(2-7)就是采用连续复利计算时,已知名义利率,欲求实际利率的换算公式。

三、资金等值计算

(一)现金流量

对于任何商品生产活动而言,对其物质消耗及产品价值都可以用资金的形式来描述,通常把各个时间点上实际发生的资金流出或资金流入称为现金流量。对于同一个时间点,有资金流出,也可以有资金流入,将资金流出和流入取其代数和,则为该时间点的净现金流量。在一个时间点发生的资金金额换算成另一个时间点的等值金额的过程称为资金等值计算。

在技术经济分析中,为了考虑方案的经济效果,常常应该对方案的全部费用和全部收益进行计算和分析。由于不同时间点发生的收入、支出或净现金流量,其数值不能直接相加或相减,只能通过资金的等值计算将它们换算到同一个时间点上进行分析。把将来某一时间点的资金金额换算成当前时间点的等值金额的过程称之为折现,其折现后的资金金额称为现值。与现值等价的将来时间点的资金金额称为终值或将来值(未来值)。

(二)现金流量图

可以利用计算利息的方法,把不同时间点的资金金额在时间轴上进行等值换算,这为建设项目方案经济比较提供了基本手段。实际的方案包含了许多不同时间进出的现金流量,为了计算分析的方便,把能够反映项目方案经济评价年限、年利润率、现金流量(流入或者流出性质、大小、发生的时间点)的时间数轴图形称为现金流量图(见图2-1)。

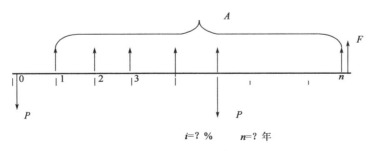

图2-1 现金流量示意图

对现金流量图特性和规定作以下说明：

（1）水平线表示为时间坐标，每个分格代表一个时间单位（在图 2-1 中为 1 年），时间的推移自左向右。每一时段末尾标注的号码即为该时间的末尾，图 2-1 中即为某年末。零（0）表示零时段的末尾，即第 1 年的开始，通常对应于"现在"这一时刻，当前的计算时点。

（2）箭线表示现金流量的大小和方向，一般以箭头向上并位于水平线上方为现金流入；箭头向下并位于水平线下方为现金流出，或称投资、支出、费用等。线段长短可与现金流量的大小成比例（一般不成比例，分析者只看图中表示的数值），箭线起点在水平线上的位置，表示该现金流量发生的时间点。

（3）百分率（年利润率）与项目分析年限写在现金流量图右下方。

（4）时间常规：一般在项目分析中只指明现金流量发生在哪一年是不够准确的，因为该项费用既可发生在该年年初，也可发生在该年年末。现金流量图已经成为经济分析人员的共同语言，绘制时必须遵照以下时间常规：

①全部投资费用均发生在年初，如初始一笔投资，即指发生在分析期初零点处，如无特殊说明，在分析期内发生的集中投资，也定义为该年年初。

②每年都会发生的现金流量（年收益、年支出或年费用）不管其实际如何，收入和支出均规定其发生在每年的年末。

③若分析项目方案有残值，则残值必然发生在分析期末，最后一年的年末。

④未来值（终值）均定义为发生在年末（除特殊说明）。

（三）资金等值计算公式

在进行资金等值计算公式中，各符号表示的意义如下：

P——本金，指一笔集中的现金流量（投资额），表示资金的现值（相对于将来值的时间点），一般出现在时间轴上的零点，或定义为发生在年初；

F——终值（将来值、未来值），也是一笔集中的现金流量，它出现在时间轴上除零点以外的任何一个时点上，定义为该年的年末；

A——系列年值（或称年金），表示一系列等额的现金流量，每一个 A 值均发生在每一年的年末；

i——表示时间价值的百分率（利率或折现率）；

n——时间，计算分析期年数。

1. 一次支付类型

一次支付是指分析方案的现金流量，无论是流入还是流出，均在一个时间点上发生，如现值 P 和终值 F 均属一次支付型资金。

（1）一次支付复利终值公式

如图 2-2，给定一个现值 P，若复利率为 i，则在第 n 周期末的价值 F 为多少？其实，这类问题是已知 P、i、n，求 F。

第一周期末，本利和为 $P + Pi = P(1+i)$

第二周期末，本利和为 $P(1+i) + P(1+i) \cdot i = P(1+i)^2$

第三周期末，本利和为 $P(1+i)^2 + P(1+i)^2 \cdot i = P(1+i)^3$

……

第 n 周期末，本利和为 $P(1+i)^n$

即：$F = P(1+i)^n$ (2-8)

图 2-2 一次支付复利终值计算图示

式(2-8)给出了终值 F 与现值 P 的关系，其中 $(1+i)^n$ 称为一次支付复利终值系数。也可用函数符号 $(F/P,i,n)$ 表示，其中，斜线右边表示已知因素，左边表示欲求的因素。

例 2-1 某企业为开发新产品，向银行贷款 100 万元，年利率为 6.5%，借期 8 年，问 8 年后一次归还银行的本利和是多少？

解：8 年后归还银行的本利和应与现在的借款金额等值，其折现率就是银行利率。由式(2-8)得：

$$F = P(1+i)^n = 100 \times (1+6.5\%)^8 = 100 \times 1.655 = 165.5(万元)$$

即 8 年后一次归还银行的本利和为 165.5 万元。

(2) 一次支付现值公式

已知终值 F，求现值 P，这是一次支付复利终值公式的逆运算，由式(2-8)可直接推导出：

$$P = F(1+i)^{-n}$$ (2-9)

系数 $(1+i)^{-n}$ 称为一次支付现值系数，也可记为 $(P/F,i,n)$，它和一次支付终值系数互为倒数，即 $(P/F,i,n) \times (F/P,i,n) = 1$。

例 2-2 如果银行利率为 12%，为在 5 年后获得 10 000 元款项，现在应存入银行多少钱？

解：由式(2-9)可得出：

$$P = F(1+i)^{-n} = 10\ 000 \times (1+12\%)^{-5} = 10\ 000 \times 0.567\ 4 = 5\ 674(元)$$

即现在应存入银行 5 674 元人民币。

2. 等额支付类型

等额支付是指一系列连续发生的，且数额相等（即各时值相等）的现金流量。

(1) 等额支付终值公式

从第 1 周期末至第 n 周期末有一系列的等额现金流量，每一年末的金额都为 A，称为等额年值。F 相当于 n 周期等额年值的终值。这类问题是已知 A、i、n，求 F。解决这类问题的思路是把等额系列视为 n 个一次支付的组合，而利用一次支付终值公式推导出等额支付终值公式，见图 2-3。

第一周期末 A，$n-1$ 年后的本利和为 $A \cdot (1+i)^{n-1}$

第二周期末 A，$n-2$ 年后的本利和为 $A \cdot (1+i)^{n-2}$

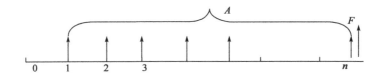

图 2-3 等额支付终值公式计算图

第三周期末 A,$n-3$ 年后的本利和为 $A \cdot (1+i)^{n-3}$

……

第 $n-1$ 周期末 A,$n-(n-1)$ 年后的本利和为 $A \cdot (1+i)$

第 n 周期末 A,本年的本利和为 A,则

$$F = A \cdot (1+i)^{n-1} + A \cdot (1+i)^{n-2} + A \cdot (1+i)^{n-3} + \cdots + A(1+i) + A \quad (2\text{-}10)$$

将式(2-10)两边同乘 $(1+i)$,得:

$$F(1+i) = A \cdot (1+i)^n + A \cdot (1+i)^{n-1} + A \cdot (1+i)^{n-2} + \cdots + A(1+i)^2 + A(1+i) \quad (2\text{-}11)$$

将式(2-11)两边减去式(2-10)两边,得:

$$F(1+i) - F = A \cdot (1+i)^n - A$$

即

$$F = A[(1+i)^n - 1]/i \quad \text{或者} \quad F = A(F/A,i,n) \quad (2\text{-}12)$$

式(2-12)为等额支付终值公式。$[(1+i)^n - 1]/i$ 称为等额支付终值系数,亦可记符号为 $(F/A,i,n)$。

例 2-3 某校为设立奖学金,每年年末存入银行 2 万元,如存款利率为 5%,第 5 年末可得资金总额是多少?

解:由式(2-12)可得:

$$F = A[(1+i)^n - 1]/i = 2 \times [(1+0.05)^5 - 1] = 2 \times 5.526 = 11.05(\text{万元})$$

即第 5 年末可得资金总额 11.05 万元。

(2) 等额支付偿债基金公式

等额支付偿债基金公式是等额支付终值公式的逆运算,即已知终值 F、i、n,求 A。由式(2-12)可直接导出

$$A = F \times i/[(1+i)^n - 1] = F(A/F,i,n) \quad (2\text{-}13)$$

式中系数 $i/[(1+i)^n - 1]$ 称为等额支付偿债基金系数,也可用符号记为 $(A/F,i,n)$。

例 2-4 预计在第 7 年末需要得到一笔资金购一套港口装卸机具,其价值为 1500 万元,在年利率为 6% 的条件下,在 7 年之内每年年末应支付多少资金储存于银行?

解:由式(2-13)可得:

$$A = F \times i/[(1+i)^n - 1] = 1\,500 \times 0.06/[(1+0.06)^7 - 1]$$
$$= 1\,500 \times 0.119\,1 = 178.7(\text{万元})$$

即 7 年内每年末应该支付 178.7 万元存于银行。

(3) 等额支付现值公式

从第一周期末至第 n 周期末有一系列等额现金流,数值都是 A,考虑资金时间价值,这些资金相当于时间轴上零年末(或第一年年初)上的价值是 P,P 就相当于等额年值的现值。即已知 A、i、n,求 P。推导公式如下:

根据式(2-9),$P=F(1+i)^{-n}$;由式(2-12),$F=A[(1+i)^n-1]/i$,得:

$$P = F(1+i)^{-n} = A[(1+i)^n-1]/[i(1+i)^n] = A[1-(1+i)^{-n}]/i \quad (2\text{-}14)$$

式中 $[1-(1+i)^{-n}]/i$ 称为等额支付现值系数,符号记为 $(P/A,i,n)$。

例 2-5 假定预计在 10 年内每年年末从银行提取 100 万元,在年利率为 6% 的条件下,现在银行应有多少现金?

解: 由式(2-14)得

$$P = A[1-(1+i)^{-n}]/i = 100 \times [1-(1+0.06)^{-10}]/0.06 = 736(万元)$$

即现在银行应有现金 736 万元。

(4) 等额支付资金回收公式

等额支付资金回收公式是等额支付现值公式的逆运算,即已知现值 P,求与之等价的等额年值 A。由式(2-14)可直接导出:

$$A = P \times i/[1-(1+i)^{-n}] \quad (2\text{-}15)$$

式中 $i/[1-(1+i)^{-n}]$ 称为等额支付资金回收系数,亦可记为 $(A/P,i,n)$。这个系数表示在考虑资金时间价值的条件下,对应于投资建设项目的单位投资,在项目寿命期内每年至少应回收的金额。如果对应于单位投资的实际回收金额小于这个值,在项目的寿命期内就不可能将投资全部收回。

例 2-6 某工程项目投资 1 亿元,年利率为 8%,预计 10 年内全部回收,问每年年末等额回收资金应该是多少?

解: 由式(2-15)得

$$A = P \times i/[1-(1+i)^{-n}] = 10\,000 \times 0.08/[1-(1+0.08)^{-10}] = 1\,490.3(万元)$$

即每年年末等额回收资金至少 1 490.3 万元。

第二节 水运工程建设项目投资经济分析基本方法

一、概述

(一) 经济分析

经济效果分析与评价是对一个投资建设项目(或某个方案)进行评价的核心内容,是项目决策科学化的重要手段。任何一个投资项目投入的费用和购、建该项目后所产生的效益之间都存在着相关关系。投入、产出的经济效果通常可以从两方面来评价。

1. 绝对经济效果检验

通过对项目方案本身的绝对收益与投入进行分析,从而得出评价结论。这种投资的绝对经济效益检验,可从通过产出、投入比(产出/投入≥1),或者产出、投入之差(产出－投入≥0)来分析,它们反映的是项目投产后的绝对总收益与项目总投资之间的关系。前者是一个效率概念,可以衡量项目投资或方案的有效性;后者是一个绝对数,通常指效益的大小。两者实际上是等价的。

2. 相对经济效益检验

相对经济效益检验是指在多个备选方案自身经济效益分析的基础上,从中选择经济效益最佳的方案作为推荐方案。在工程经济分析中,绝对经济效果检验和相对经济效益检验两者总是相辅相成的。

(二) 方案比较

工程建设项目是为了满足一定的功能,达到特定的目的。而同一种功能或同一个目的,可以用不同的技术手段来满足或达到。这就要求在项目可行性研究时,对提出的多种方案进行经济分析和评价,通过方案比较从中选择最佳方案。

1. 方案之间的关系

按照方案之间的相互影响关系,可分为独立方案、互斥方案和相关方案。

(1)独立方案。指方案与方案之间不具有相关性,任一方案的采用与否均不影响其他方案是否被采用,并且其经济效果可以相加。

(2)互斥方案。是指方案之间互相排斥的关系,几个可行方案进行比较选择时,只能选其中一个,即比较结果是"只能选择一个"。

(3)相关方案。是指方案之间互相联系、相互关联,或者互为条件的关系,在分析评价时,需要解决的问题常表现为投资排队问题。

2. 方案的可比性

评价方案经济效果,方案比较必须建立在可比的基础上,不管投资方案的千差万别,投资环境、投资费用、投资收益、投资建设期、投资回收期、投资项目的经济寿命等影响因素的不同,但是我们仍然可以找到它们相互比较的共同基础。其可比性表现在:

(1)满足需要上可比;

(2)消耗费用上可比;

(3)价格指标上可比;

(4)时间上可比。

3. 方案比较的主要方面

方案比较可以分为定性分析比较、定量分析比较和全面分析比较。方案比较的基本方法是经济分析与评价。如果方案在经济上合理,则在其他方面的比较中就趋于优势地位。如果方案的经济性不合理,则在其他方面的比较中就趋于劣势地位,该方案一般都应放弃,除非特定要求。

对一个建设项目的评价,一般包括财务经济评价、国民经济评价和综合评价。财务经济评价又称企业经济评价,是仅仅从企业本身利益出发,考察建设项目给企业带来多大的经济效益,是一种微观评价。国民经济评价是宏观评价,它是从国民经济建设、规划的整体利益出发,考察建设项目或方案为国民经济建设带来多大的效益。综合评价是在财务评价、国民经济评价的基础上,还要考虑社会效益、环境效益、社会平衡发展等等政治、经济、社会因素,是一种复杂的综合性的评价分析。

二、经济分析与评价方法

建设项目经济效果可以用一系列的经济指标来反映。根据所采用的指标不同,经济分析与评价方法也不同,常用的基本方法有净现值法、净年值法、内部收益率法、投资回收期法等。

(一) 净现值法(NPV)

净现值是实践中常用来评价项目方案经济效果的指标,它可以反映出项目在经济寿命期内的获利能力。选定一个百分率(折现率),把每个方案的所有现金流量都换算到基准时间点(分析期的零点处),各方案收益的总现值减去支出的总现值,其代数和为净现值。用净现值对方案进行评价,称净现值法,用公式表示为:

$$\text{NPV} = \sum_{t=0}^{n} \frac{CF_t}{(1+i_0)^t} \tag{2-16}$$

式中:NPV——净现值;

CF_t——t 年的净现金流量,$CF_t = CI_t - CO_t$;

CI_t——t 年现金流入;

CO_t——t 年现金流出;

n——分析计算期;

i_0——基准收益率(即选定的百分率)。

NPV 值可以有下述三种情况:

(1) NPV > 0,表示项目实施后的经济效益,不仅达到了基准收益率的要求,而且还有富余。

(2) NPV = 0,表示项目实施后的投资收益率正好达到基准收益率。

(3) NPV < 0,表示项目实施后的经济效益达不到基准收益率的要求。

因此,用净现值法对方案评价时,对于单个的独立方案而言,当 NPV≥0 时,则认为方案是可取的。对于多个方案,比选则不仅要求方案 NPV≥0,且选择 NPV 值最大的那个方案为推荐方案。使用净现值法进行经济评价时,应注意以下几点:

(1) 如果该方案有残值,且残值是正的,则表示期末有一笔资金回收;如果残值是负的,则表示期末要支出一笔拆除、清理费用。

(2) 折现率越大,其净现值越小。在取用的折现率较高时,残值对现值的影响很小,所以在分析年限较长时,对较小的残值可估计为0(或称不计残值);反之亦然。

(3) 用净现值法比较方案,有时会出现两个方案净现值相同或相近,但投资额却相差悬殊的情况。从净现值的角度看,两方案的净现值可看成同一量级,相差不多,但两个方案对投资者的吸引力却截然不同,因此,我们还可以从两方案的净现值率(即单位投资所得的净现值)或益本比(效益总现值与费用总现值之比)进一步比较出两方案的优劣。

例 2-7 某企业投资项目设计方案的总投资是 2 500 万元,投产后年经营成本为 500 万元,年销售额 1 500 万元,若计算期为 5 年,基准收益率为 10%,不计残值,试计算投资项目的净现值。

解：绘制现金流量图,见图 2-4。

NPV = -2 500 + (1 500 - 500) × (P/A,10%,5) = -2 500 + 1 000 × 3.790 8 = 1 290.8(万元)

该项目净现值为 1 290.8 万元,说明该项目实施后的经济效益除了达到 10% 的收益率外,还有 1 290.8 万元的净现值,项目是经济合理的。

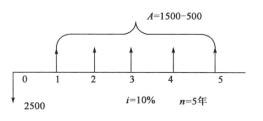

图 2-4 现金流量示意图

例 2-8 现有三个互斥方案的现金流量情况见表 2-2,基准收益率为 10%,试分析比较哪个方案最优?

三个互斥方案的现金流量情况表　　　　表 2-2

方案 \ 现金流	投资(万元)	年净现金流量(万元)	残值(万元)	分析年限(年)
Ⅰ	2 000	300	0	20
Ⅱ	4 000	500	0	20
Ⅲ	10 000	900	1000	20

解：(1)绘制现金流量图(略)。

(2)计算三个方案的净现值:

方案Ⅰ　NPV_1 = -2 000 + 300 × (P/A,10%,20)
　　　　　　= -2 000 + 300 × 8.513 6
　　　　　　= 554(万元) > 0

所以方案Ⅰ可行。

方案Ⅱ　NPV_2 = -4 000 + 500 × (P/A,10%,20)
　　　　　　= -4 000 + 500 × 8.513 6
　　　　　　= 257(万元) > 0

所以方案Ⅱ可行。

方案Ⅲ　NPV_3 = -10 000 + 900 × (P/A,10%,20) + 1 000 × (P/F,10%,20)
　　　　　　= -10 000 + 900 × 8.513 6 + 1 000 × 0.148 7
　　　　　　= -2 189(万元) < 0

所以方案Ⅲ不可行。

(3)分析比较。将三个方案的净现值进行比较,方案Ⅲ的 NPV 值小于 0,不可行。在可行方案Ⅰ和方案Ⅱ中选取净现值比较大的,结果方案Ⅰ具有最大的净现值,因此选取方案Ⅰ。

(二)净年值法(NAV)

净年值是通过资金的等值计算将项目的净现值分摊到寿命期(分析期)内各年(从第 1 年到第 n 年)末的等额年值。净年值的计算公式如下:

$$NAV = \left[\sum_{t=0}^{n} \frac{CF_t}{(1+i_0)^t}\right](A/P, i_0, n) \qquad (2-17)$$

即:

$$NAV = NPV \cdot (A/P, i_0, n) \tag{2-18}$$

式中:NAV——净年值;

其余符号同前。

NAV 可以有下列三种情况:

(1) NAV>0,表示建设项目实施后平均每年的经济效益不仅达到了基准收益率的要求,而且还有富余。

(2) NAV=0,表示项目实施后平均每年的经济效益正好达到基准收益率。

(3) NAV<0,表示项目实施后平均每年的经济效益达不到基准收益率的要求。

因此,用净年值法对方案评价时,对于单个的独立方案而言,只要 NAV≥0,则认为方案是可取的;对于多个方案,则不仅要求 NAV≥0,且在互斥方案中,选取 NAV 中的最大值为佳。

用净年值指标对多个方案进行比选时,可按下述步骤进行:

(1) 计算各待选方案的净年值,淘汰净年值小于零的方案;

(2) 余下的方案中,净年值越大,表明方案的经济效益越好。

净年值法与净现值法有许多共同点,都很直观,易于使用。净现值给出的信息是项目在整个分析期内获取的超额收益的现值,净年值给出的信息是分析期内每年的等额超额收益。由于信息的含义不同,而且在某些类型方案(每年的收益相等,成本相等)比选中,采用净年值法更为简便,易于计算,所以净年值指标在经济评价指标体系中占有相当重要的地位。另外,用净年值法比较时,可不考虑不同方案分析期的长短。也就是说,不论方案分析期的长短,都可把该方案的所有现金流量分摊到各年,得出净年值,对方案进行分析比较。

例 2-9 某投资方案的现金流量如图 2-5 所示,设基准收益率为 10%,求该方案的净年值,并且对其评价。

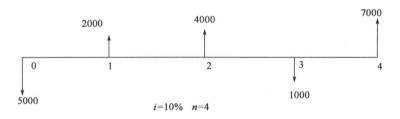

图 2-5 投资方案的净现金流量(万元)

解:绘制现金流量图如图 2-5,由式(2-18)可得:

$NAV = [-5\,000 + 2\,000 \times (P/F, 10\%, 1) + 4\,000 \times (P/F, 10\%, 2) - 1\,000 \times (P/F, 10\%, 3) + 7\,000 \times (P/F, 10\%, 4)] \times (A/P, 10\%, 4)$

$= 1\,311(万元) > 0$

所以该投资经济合理,方案可取。计算结果表明,该项目方案实施后,不仅能达到 10% 的收益率,而且每年还有 1 311 万元的富余,因此该方案是可接受的。

(三) 内部收益率法(IRR)

如果将净现值、净年值指标作为价值型指标,那么内部收益率就是一个比率型指标。在所有经济评价指标中,除净现值外,内部收益率是另一个重要的指标。该指标是投资项目财务盈利性分析的重要评价依据。所谓内部收益率是指把某项目方案的所有现金流量在某一个折现率(未知)的基础上均折现到基准时间点(分析期的零点处),其收益总现值与支出总现值代数和为0,这一个折现率即为该项目方案的内部收益率。简单地说,就是项目方案净现值为零时的折现率。项目的内部收益率可以理解为是该项目本身具有的收益能力,它是一个无因次量(%),也称内部报酬率、内部回收率、内部获利率等。此项指标用来评价项目的盈利能力,其数学公式为:

$$\sum_{t=0}^{n} \frac{CF_t}{(1+\text{IRR})^t} = 0 \tag{2-19}$$

式中:IRR——内部收益率(Internal Rate of Return);

其余符合意义同前。

式(2-19)是一个"一元多次方程",要求解这个方程是很麻烦的,通常需要反复试算,再通过近似估算求得。其求解步骤为:

(1)选取一个 i_1,以 i_1 为折现率,求得净现值 $\text{NPV}_1 > 0$(NPV_1 为一个比较接近零的正值),即:

$$\text{NPV}_1 = \sum_{t=0}^{n} \frac{CF_t}{(1+i_1)^t} > 0 \tag{2-20}$$

(2)再选取一个 i_2,要求 $i_2 > i_1$,因为随着折现率的增大,其净现值减小,使净现值为一个接近零的负值,$\text{NPV} < 0$,即:

$$\text{NPV}_2 = \sum_{t=0}^{n} \frac{CF_t}{(1+i_2)^t} < 0 \tag{2-21}$$

(3)因为试算,除要求 $i_1 < i_2$,还要求 i_2 与 i_1 相差甚小,因为相差越小,其估算越准确。式(2-19)的试算过程,实际上相当于寻找一条曲线与横坐标相交的点(见图2-6),即为 NPV = 0 时的折现率就是 IRR。当然 IRR $> i_1$,IRR $< i_2$,IRR 在 i_1 与 i_2 之间。

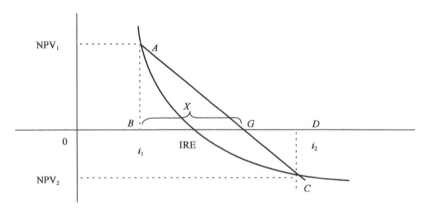

图 2-6 IRR 线性插法图解

(4)用线性插值法可近似求得内部收益率 IRR。当曲线上任意两点靠得很近时,我们可近似地用直线代替曲线,即用直线与横坐标交点 G 代替曲线与横坐标交点 E。从图2-6中可知:

$$\triangle ABG \backsim \triangle CDG, \text{即}: \quad AB:CD = BG:DG$$
$$\text{NPV}_1 : [\text{NPV}_2] = X : [(i_2 - i_1) - X]$$

$$\mathrm{IRR} = i_1 + \frac{\mathrm{NPV}_1}{\mathrm{NPV}_1 + |\mathrm{NPV}_2|} \times (i_2 - i_1) \qquad (2\text{-}22)$$

式中：i_1——试算用的低折现率；

i_2——试算用的高折现率；

NPV_1——用 i_1 计算的项目净现值（正值）；

$|\mathrm{NPV}_2|$——用 i_2 计算的项目净现值（负值）的绝对值。

图 2-6 中，直线段 AC 近似净现值函数曲线段 AC，其与横坐标交点 G 即为该项目内部收益率 IRR 的近似值。

设基准收益率为 i_0，项目方案求得的内部收益率为 IRR，则：

（1）当 IRR ≥ i_0 时，项目在经济上可行合理，即接受该项目；

（2）当 IRR < i_0 时，项目不可行、不合理，应予拒绝。

采用项目的内部收益率与基准收益率相比较来评价项目投资的经济合理性，是因为如果项目的内部收益率达不到最低期望的收益率（基准收益率），则投资项目要冒无法收回投资的风险。

例 2-10 某工程项目初投资 130 万元，每年净收益 35 万元，不考虑固定资产的残值，设基准收益率为 10%，试计算该项目投资的内部收益率 IRR，并对项目作评价。

解： 设 $i_1 = 15\%$，$i_2 = 16\%$，计算结果列于表 2-3 中。

净现金流量折现计算表　　　　　　　　　　　　　　表 2-3

年份 项目	0	1	2	3	4	5	6
现金流出量（万元）	-130						
现金流入量（万元）		35	35	35	35	35	35
折现系数（$i_1=15\%$）	1.000	0.870	0.756	0.658	0.572	0.497	0.432
现值（万元）	-130	30.5	26.5	23.0	20.0	17.4	15.1
折现系数（$i_2=16\%$）	1.000	0.862	0.743	0.641	0.552	0.476	0.410
现值（万元）	-130	30.17	26.01	22.42	19.33	16.66	14.36

设 $i_1 = 15$ 时，

$\mathrm{NPV}_1 = -130 + 35 \times (P/A, 15\%, 6) = -130 + 132.5 = 2.5$（万元）

设 $i_2 = 16$ 时，

$\mathrm{NPV}_2 = -130 + 35 \times (P/A, 16\%, 6) = -130 + 128.95 = -1.05$（万元）

则：　　$\mathrm{IRR} = 15\% + \dfrac{2.5}{2.5 + |-1.05|} \times (16\% - 15\%) = 15.7\% \geq i_0 = 10\%$

说明该项目在经济上是有效益的，方案可以接受。

（四）投资回收期法（T）

投资回收期又称投资偿还期，它是指建设项目以其每年的净收益抵偿其全部投资所需的时间长度。投资回收期是考察项目在财务上投资回收能力的综合性指标。一般情况下，这一指标越短越好。投资回收期若小于国家规定的标准投资回收期，则建设项目可行。反之，则不可行。

考察投资回收期有静态投资回收期和动态投资回收期两种，常使用的是动态投资回收期。动态投资回收期是指考虑资金的时间价值，以建设项目所产生的净收益来抵偿其总投资所需要的时间长度。其计算公式为：

$$\sum_{t=0}^{T} \frac{CF_t}{(1+i_0)^t} = 0 \qquad (2-23)$$

式中：T——以年表示的投资回收期；

CF_t——t 年的净现金流量；

t——年份。

投资回收期也可按照内部收益率试算的基本原理进行试算，基本公式为：

$$T = T_1 + \frac{NPV_1}{NPV_2 + |NPV_1|} \times (T_2 - T_1) \qquad (2-24)$$

式中：T_1——累计净现值为负值的某个年份（最好是最后一个年份）；

T_2——累计净现值开始出现正值的年份（最好是最早的一个年份）；

NPV_1——T_1 年当年的累计净现值；

NPV_2——T_2 年当年的累计净现值；

T——投资回收期。

上述求出的投资回收期 T，要与行业的基准投资回收期 T_0 比较，当 $T \leq T_0$ 时，认为项目是可以接受的；当 $T > T_0$ 时，认为项目不可取，应予拒绝。

例 2-11　某投资项目的期初投资额为 1 000 万元，估计每年净收益 230 万元，折现率取 $i = 6\%$，标准投资回收期 T_0 为 8 年，试计算该项目的投资回收期，并且加以评价。

解：列表计算，见表 2-4。

表 2-4

年份	净现金流量	折现系数（$i=6\%$）	净现值	累计净现值	年份	净现金流量	折现系数（$i=6\%$）	净现值	累计净现值
0	-1 000	1.000 0	-1 000		4	230	0.792 1	182.18	-203.03
1	230	0.943 4	216.98	-783.02	5	230	0.747 3	171.88	-31.15
2	230	0.890 0	204.7	-578.32	6	230	0.705 0	162.15	131.0
3	230	0.839 6	193.11	-385.21	7	230	0.665 1	152.97	283.97

从表 2-4 中可知 T 在 5 年与 6 年之间，利用式(2-24)计算得：

$$T = 5 + 31.15/(31.15 + 131) = 5.19 < T_0 = 8 \text{ 年}$$

所以该投资项目可行。

投资回收期作为经济评价的指标之一，其优点在于：

(1)它反映了资金的周转速度，以建设项目投资回收的快慢作为决策依据，这在建设资金短缺的情况下，它是一个较好的评价依据。

(2)它能为决策提供一个原始投资未得到回收抵偿以前必须承担风险的时间。

(3)它概念直观、通俗易懂和易于接受。

但是,使用投资回收期对方案进行分析评价时,对回收期以后的情况,包括净效益的大小和时间、投资的寿命以及投资盈利率都没有考虑,正是因为有这些不足,投资回收期法趋向于使用在分析期较短的方案。

第三节 水运工程建设项目可行性研究

一、开展工程项目前期研究的基本要求

工程项目前期研究是项目管理的重要组成部分,是成功实施各项管理活动的基础和前提。前期研究的任务是在工程项目投资建设的前期阶段,在充分占有资料信息的基础上,研究拟建项目方案,并从宏观、微观层次,从技术、经济、环境和社会等方面,进行分析论证和比选优化。工程项目前期研究一般包括:投资机会研究、初步可行性研究(项目建议书)和可行性研究等。不同类型项目前期研究的工作内容和深度要求不尽相同。

1. 投资机会研究

工程项目投资机会研究也称机会鉴别,是为寻求有价值的投资机会而对有关投资环境、资源条件、市场状况等所进行的初步调查研究和分析预测。投资机会研究分为地区机会研究、产业机会研究和资源开发利用机会研究等,是为寻找特定项目投资机会所作的准备性调查研究,常常与发展规划研究同步进行。投资机会研究具体内容包括:基本投资机会;项目在区域或产业发展中的地位及对产业结构、生产力布局的影响;项目产品的市场前景;项目财务收益和社会经济效益的水平等。对于盈利性项目,研究重点是投资环境分析、投资方向鉴别和建设项目的备选;对于公益性项目,研究重点是需求分析和功能定位。投资机会研究是项目初步可行性研究的基础。重大工程项目通过投资机会研究确定备选后,才能开展下一阶段的工作。

2. 初步可行性研究

工程项目初步可行性研究,是在投资机会研究的基础上,进一步对拟建项目的必要性、合理性和方案进行技术经济论证。其主要功能是判断项目方案是否具有生命力,判断项目是否值得投入更多人力和资金做深入研究。工程项目初步可行性研究报告(或项目建议书),主要内容包括:项目投资建设的宏观必要性和外部约束条件;项目目标及功能定位;项目方案构想,包括建设地点选择,产品大纲或服务内容,社会需求或市场预测分析,工程技术初步方案,原材料、燃料供应等外部协作配套条件方案,投资估算和资金筹措初步方案,项目经济效益初步分析等。初步可行性研究深度介于投资机会研究和可行性研究之间,研究结论应能满足投资项目立项的要求,能够对项目的可行性进行初步判断,要求投资估算误差控制在±20%之内。初步可行性研究报告通过后,才能进入可行性研究阶段。

3. 工程可行性研究

工程项目可行性研究,是在已通过的初步可行性研究报告(或项目建议书)的基础上深入展开的研究。其功能是进一步对拟建工程项目的必要性、可行性、建设条件、建设方案和建设时序,从宏观和微观层面进行技术、经济、环境、社会等方面的分析论证,比选优化方案,为最终

决策提供依据。可行性研究报告主要内容一般包括:项目概况和申报单位,项目建设背景及建设可行性;项目产品市场调查、市场预测及产品竞争力分析;场址选择,征地拆迁和移民安置方案;资源供应,配套条件;产品方案,建设规模,工程技术方案和节能方案;投资估算和融资方案;财务评价和经济影响分析;环境影响和社会影响分析;风险分析;结论和建议。不同类型和不同投资主体的工程项目,根据项目特点和决策需要,其可行性研究报告的重点和内容可有所侧重。工程可行性研究报告,应达到以下深度要求:数据准确,论证充分,内容完整,结论明确;所提出的主要设备规格、参数能满足预订货的要求;容易引起争议的重大技术、财务方案应有两个以上方案比选;主要工程技术数据能满足项目初步设计的要求;分项详细估算建设投资和经营成本,估算投资误差控制在±10%以内;所确定的融资方案具有可操作性,符合相关方面决策的要求;报告应反映可行性研究过程中出现的某些方案的重大分歧及未被采纳的理由,供决策者权衡参考。

二、水运工程建设项目可行性研究

(一) 水运工程可行性研究的目的

可行性研究是建设项目投资前期工作中最为重要的组成部分,是建设项目立项、决策的依据。可行性研究是在建设前期对工程项目的一种考察和鉴定,对拟建设项目进行全面的、综合的技术经济调查研究和系统分析,通过详细的技术经济论证作出要建设还是放弃这个项目的决定(即判断它是"可行",还是"不行")的一门综合性科学。

可行性研究之所以受到国内外的重视,因为它是多年建设经验的总结,是不以人们的意志为转移的、行之有效的、符合基本建设客观规律的科学方法。实践证明,在调查研究的基础上,尊重客观实际、反映客观矛盾、减少投资风险以及对工程项目最终是否可行作出预测,可行性研究是按照经济规律办事的一种好方法。

水运工程工程建设项目与其他经济活动一样,有其内在的规律。投资的工程项目处在一定的自然环境和社会环境之中,与地质、水文、资源等条件有着复杂的联系,给社会经济带来的影响会引起国民经济各方面的一系列变化,打破了原有的格局,需要建立新的协调和平衡。从时间上看,巨额资金的长期垫支,有很大的经济风险,因此,要投资立项,就必须进行可行性研究。

(二) 水运工程可行性研究的任务

水运工程可行性研究分为预可行性研究和工程可行性研究两个阶段。大、中型及重点工程项目或技术上复杂程度较高的建设项目,原则上应按两个阶段进行研究;小型工程和技术上较成熟的项目可简化工作程序,直接进行工程可行性研究。预可行性研究报告主要论证建设项目的必要性、技术可行性、经济合理性和建设规模。经审批的预可行性研究报告是编制项目建议书的依据,即立项的依据。工程可行性研究是确定建设项目是否可行的最后研究阶段。如工程可行性研究报告结论是可行,则作为编制建设项目设计计划任务书的依据。

水运工程可行性研究的任务是:在充分调查、研究和必要的勘察工作及科学实验的基础上,对拟建项目的必要性、经济合理性、技术可行性、实施条件的可能性提出综合性的研究论证报告。对建设项目的投资必要性、经济合理性、技术可行性、实施条件的可能性进行论证,为决策者提供决策依据。论证的结果可以是"可行",也可以是"不可行",或者目前不可行,需要创造某些条件后"可行"。有些地方建设项目,往往在进行可行性研究时带有主观臆测,希望工程上马,有较大倾向性,这是不可取的。

水运工程可行性研究报告的文体格式和内容要求,在《港口建设项目预可行性研究报告和工程可行性研究报告编制办法》、《航道建设项目预可行研究报告和工程可行性研究报告编制办法》中都有明确规定。水运工程可行性研究的成果是提出综合研究论证报告。其报告文件一般由三部分组成:研究报告(含主要协议)、图纸、附件(主要专题报告)。对承担可行性研究的单位和个人具有资质要求,可行性研究报告必须经国家及有关上级主管部门审查、评估、批复。

(三) 可行性研究报告的审批

可行性研究报告应由编制单位的行政领导、总工程师、项目负责人签章,并加盖公章送交建设单位。可行性研究报告的评审(项目评估)按以下办法进行:

(1)咨询或设计单位提出的可行性研究报告,按项目大小在预审前一至三个月提交预审单位,预审单位认为有必要时,可委托有关方面提出咨询意见。报告提交单位应向预审或咨询单位提供必要的资料、数据等,应密切合作。

(2)预审主持单位组织有关设计、科研机构、企业和有关方面的专家参加,广泛听取意见,对可行性研究报告提出预审意见。

(3)当可行性研究报告有原则性错误或基础依据、社会环境条件有重大变化时,应对可行性研究报告进行修改和复审。此工作仍由原编制单位和预审单位进行。

大、中型建设项目的可行性研究报告,由主管部、省、自治区、直辖市负责预审,报国家发展和改革委员会审批,或由国家发展和改革委员会委托有关单位审批。重大项目和特殊项目的可行性研究报告,由国家发改委会同有关部门预审,报国务院审批。小型项目的可行性研究报告,按隶属关系由主管部门、省、自治区、直辖市行政主管部门审批。

三、水运工程项目投资决策

(一) 工程项目决策的原则

(1)科学决策原则。按科学的决策程序,依据国家有关规定、技术发展趋势和市场需求等实际情况,科学分析项目方案的现实性、可行性、可靠性,慎重对待不同意见,力求做出符合实际的判断。

(2)民主决策原则。工程项目应先咨询、后决策,充分听取专业咨询单位和专家意见;对于涉及社会公众利益的项目,应采取听证会或公示方式,广泛征求公众意见与建议。

(3)多目标综合决策原则。应综合考虑技术、经济、社会、资源、环境等多种因素,权衡利弊,综合判断;对相互制约的投资、质量、工期目标进行综合比较,求得最佳结合。

(4)风险责任原则。按谁决策、谁承担风险的原则,明确工程项目决策风险责任,以减少和避免决策失误。

(二) 工程项目决策的基本要求

项目投资决策的目的是投资主体通过认真进行可行性研究,选择和确定能够实现经济效益、社会效益以及环境效益相统一的满意的建设项目或投资方案。衡量建设项目或投资决策科学化水平的基本尺度,应该看其是否有利于提高社会生产力,是否有利于社会经济的平衡发展,是否有利于人民生活水平的提高。具体体现在以下几方面:

1. 预期必须建立在科学论证的基础上

预期是指充分把握现有的事实,加上对未来的预测。投资行为不应是盲目的,水运工程建设项目投资活动与商业活动中的某些冒险活动不同,它首先要充分把握人们对水运工程建设方面的一切现有的认识,包括技术、经济及其他方面的认识与实践。如果对拟建投资项目还有某些认识不足,也要补充必要的勘察、试验;而对于项目投资未来因素的变化趋势和状态,如经济和社会发展因素对投资效果的影响以及可能产生的结果,则需要进行科学预测,特别是对投资项目未来报酬的预测更是影响决策的关键因素。随着我国经济发展的社会化与国际化,预测的规模、内容在扩大,预测的方法与手段也在不断进步。

预期使投资者不仅能对社会经济信息作出直接反应,而且能够对信息进行综合加工,创造新的更加重要的信息,而新的信息经过反馈使投资系统修正其运行轨迹,纠正异常和目标偏离,使投资活动更加稳定地运行和发展。预期使投资者进行主动思考,从被动反应走向主动反应。

2. 决策必须符合国家和社会经济发展根本的、长远的利益

对每一个交通基础设施的建设项目进行预期,如果只从项目本身或企业利益的角度去分析,结论可能会收不抵支,但从国民经济长远发展的根本利益分析,其分析结果可能仍不失为是可行的。

3. 未来的报酬与近期的投资应进行综合分析

对未来的预测是一个不断受到近期结果影响而随时加以修正的动态过程,分析时,应将当前的利益和长远的利益结合起来,千万不能顾此失彼,要统筹兼顾。因此,预期必须采取动态的分析方法。

4. 决策应反映资源的合理配置

资源的合理配置是社会化大生产的目的,是提高生产力的基础。投资方向不当,投资分散,达不到合理的规模,盲目引进,重复建设等,都是对资源配置考虑不周的结果。

5. 决策程序要科学化

现代决策程序根据决策者的思维方式一般应包括以下过程:
(1)拟定目标;
(2)收集信息;
(3)方案设想;
(4)方案比较、分析、论证;
(5)方案确定(决策);
(6)方案实施的综合建议。

在方案比较、分析、论证前,要做大量的调查、收集资料、统计等工作。

第四节 设计阶段投资控制

一、投资控制的目标系统

水运工程项目的投资过程,一般经过项目的决策、设计、招投标、施工竣工和交付使用等步骤,在这过程中始终都贯穿着投资控制的问题。各投资控制的主要内容(方式)和目标如图2-7所示。

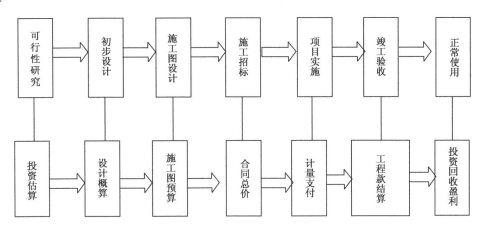

图2-7 项目投资过程控制示意图

从图2-7中分析可以得出:
(1)水运工程项目的投资过程是一个周期长、内容多、费用大的生产过程;
(2)水运工程项目的投资过程是一个由粗到细、由浅入深的渐近过程;
(3)水运工程项目的投资过程是一个程序唯一、各环节相互衔接、管理有序的可控过程;
(4)水运工程项目的投资控制目标是随着项目建设实施的不断深入而分阶段设置;
(5)水运工程项目的投资控制目标在不同的阶段有不同的投资控制目标。

水运工程项目投资控制的目标系统由各分阶段控制目标组成。工程可行性研究的投资估算是进行初步设计(方案选择)时的投资控制目标;初步设计的设计概算是进行技术设计和施工图设计时的投资控制目标;施工图预算是招投标前进行编制标底时的控制目标;标底是与承包人签订工程施工承包合同时的控制目标;承包合同价是施工期间进行费用控制的目标。各分阶段的控制目标是一个相互制约、相互补充,前者控制后者,后者补充前者的有机整体。

二、设计阶段投资控制的作用

水运工程项目投资控制的目标是由分阶段控制目标组成的,各个阶段投资控制目标的制定,以及目标对总投资额的影响程度是不一样的。据国外有关统计资料介绍,影响项目投资最大的阶段是在约占工程项目建设周期1/4的设计结束前的投资决策和工程设计阶段,项目一旦经过决策立项,控制项目投资的关键在于设计阶段。因此,如何加强在设计阶段的投资控制十分重要,应该引起人们的足够重视。

人们对项目投资控制的认识是随着生产力的发展、商品经济的发展和现代管理科学的发展而不断加深的。工程造价管理发展的第一阶段(从16世纪到18世纪),设计与施工各自形成一个独立专业,专门由工料测量师对已经完工的工程进行测量和估算项目投资。工程造价管理发展的第二阶段(从19世纪初开始),工程造价管理逐渐形成独立的专业,在设计图纸上计算工程量,编写标底并进行施工招标,这时项目投资人在工程开工以前,可预先了解到工程项目需要支付的投资额,从而有可能对施工过程中可能发生的投资变化进行有效控制,此时完成了工程造价管理的第一次飞跃。但在第二个阶段,项目投资人还无法了解设计阶段(或者在设计过程中)的投资估算情况,为此,工程造价管理发展进入了第三个阶段,使项目投资人在设计阶段可以主动地影响设计、优化设计,从可行性研究就进行投资估算,设计阶段进行工程设计概算,尽早就对工程投资进行有效控制,这是工程造价管理的第二次飞跃。

三、设计总概算的编制

水运工程造价设计总概算由建筑安装工程费用、工程建设其他费用、预备费和建设期贷款利息构成。

建筑安装工程费用是工程造价中的主要费用,水运工程项目的建筑安装工程费用,针对不同的施工特性有不同的概(预)算编制办法。以下对内河航运建设工程、港口建设工程和疏浚工程建筑安装工程费用的组成及计算办法分别进行介绍。

(一)设备购置费用

设备购置费用由设备购置费和工具、器具及生产家具购置费组成,是固定资产投资中的积极部分。在生产性工程建设中,设备购置费用占工程造价比重的增加,从某种意义上意味着生产技术的进步和提高。设备购置费用包括:设备原价和设备运杂费两大部分。其中设备原价是指固定设备或进口设备的原价;设备运杂费是指除设备原价之外的关于设备采购(设备供销部门的手续费)、运输(运费和装卸费)、包装、仓库保管等方面支出费用的总和。

(二)建筑安装工程费用(内河航运建设工程)

内河航运建设工程主要包括航务建筑工程、整治建设工程、大型土石方工程、设备及大型钢结构制作安装工程。

航务建筑工程主要包括各种码头、船闸、升船机、船坞、船台、滑道、护岸、系(靠)船建筑物、引堤、栈引桥、港作堆场、港(厂)区道路等以及软基加固工程,适用于港区以内、引航道以内的航务水工建筑及其有关的配套设备。

整治建设工程主要包括航道的炸礁、清渣、筑坝和护岸工程,适用于港区以外、航运枢纽及通航建筑中引航道以外的航道整治工程。

大型土石方工程主要是指在一个单位工程内开挖或回填的土石方工程量在1万立方米以上的没有结构要求的土石方工程,适用于各类建(构)筑物的基础土(石)方开挖工程、回填造陆工程以及新开河道、引航道的土石方开挖工程等。

设备及大型钢结构制作安装工程主要包括装卸设备和启闭机的安装、船闸闸(阀)门及钢引桥等的制作安装及附属工程,适用于内河港口工程、通航建筑工程及航运枢纽工程中的通航建筑部分的设备及大型钢结构的安装工程。

内河航运建设工程建筑安装工程费用由直接费、间接费、利润、税金和专项费用五部分组成。

1. 直接费

直接费是指在工程施工过程中直接耗费的构成工程实体或有助于工程形成的各种费用，包括定额直接费和其他直接费。

(1)定额直接费。定额直接费由人工费、材料费和施工机械使用费三部分组成。其中：

A. 人工费 = ∑(概预算定额人工工日消耗量×相应等级的日工资综合单价)。综合单价包括基本工资、工资性补贴、生产工人辅助工资、职工福利费及劳动保护费。

B. 材料费 = ∑(概预算定额材料构配件、零件、半成品的消耗量×相应预算价格) + ∑(概预算定额中周转材料的摊销量×相应预算价格)。材料预算价格包括材料的原价、供销部门手续费、包装费、运输费、运输损耗费及采购保管费。

C. 施工机械使用费 = ∑(概预算定额中施工机械台班量×机械台班综合单价) + 其他机械使用费 + 施工机械进出场费。机械台班综合单价包括折旧费、大修理费、经常修理费、安拆费及场外运输费、燃料动力费、人工费及运输机械养路费、车船使用税及保险费。

(2)其他直接费。其他直接费是指除了直接费之外的、在施工过程中直接发生的其他施工辅助费，包括仪器仪表使用费、生产工具用具使用费、检验试验费、特殊工程培训费、工程定位复测、工程复交、场地清理费、爆破测震及扫床费等，可按下式计算：

其他直接费 = 定额直接费 × 其他直接费费率(1% ~ 2.5%)

2. 间接费

间接费包括施工管理费和其他间接费。

(1)施工管理费。施工管理费主要包括施工企业从事管理工作人员的人工费(标准工资、工资性津贴、辅助工资、工资附加费和劳动保护费)、职工教育经费、办公费、差旅交通费、固定资产使用费、工具用具使用费、流动资金贷款利息(指施工企业按照规定支付银行的计划内流动资金贷款利息)和其他费用。计费方法为：

施工管理费 = 定额直接费 × 施工管理费费率(9.0% ~ 20%)

(2)其他间接费。其他间接费包括临时设施费、劳动保险基金和施工队伍进退场费。

①临时设施费系指施工企业为进行建筑安装工程施工而必需的临时建筑物和其他临时设施的搭设、维修和拆除费或摊销费。临时设施包括施工现场的生活、生产、办公、运输等所需的全部临时房屋、临时仓库、车间、临时预制场地、围墙等以及现场内的临时便道、便桥、水电线路和其他小型临时设施等，计算办法为：

临时设施费 = 定额直接费 × 临时设施费费率(0.8% ~ 4.5%)

②劳动保险基金系指国有施工企业由福利基金支出以外的，按劳保条例规定的离退休职工的费用和6个月以上的病假工资以及按照上述职工工资总额提取的职工福利基金。计算办法为：

劳动保险基金 = 定额直接费 × 劳动保险基金费率(2.0% ~ 3.3%)

③施工队伍进退场费系指施工企业承担工程施工时派出部分施工力量进入和退出施工现场所发生的费用，包括派出施工人员在进退场期间的工资和差旅费、施工船舶机械往返拖运费、施工工具器具、周围材料和其他生产及行政管理工具用具的往返运杂费等，计算办法为：

施工队伍进退场费 = 定额直接费 × 规定的费率

3. 利润

利润是施工企业职工为社会劳动所创造的那部分价值在工程造价中的体现,是按相应的计取基础乘以利润率确定。计算公式为:

土建工程　　　　　　　利润 =(直接费 + 间接费)× 利润率

安装工程　　　　　　　利润 = 人工费 × 利润率

4. 税金

税金是指国家税法规定的应计入建筑安装工程费用的营业税、城乡维护建设税和教育费附加。计算公式如下:

(1)营业税额 = 计征基数 × 3%。其中计征基数 =(直接费 + 间接费 + 利润) -(临时设施费 + 劳动保险基金)

(2)城乡维护建设税额 = 营业税额 ×(1 ~ 7)%

(3)教育费附加税额 = 营业税额 × 3%

5. 专项费用

专项费用是指专门用途、独立计算的费用。专项费用不参与计算利润,仅参与计算税金。

(三)建筑安装工程费用(疏浚工程)

疏浚工程费用组成如图2-8所示。各项费用的内容及计算方法简述如下:

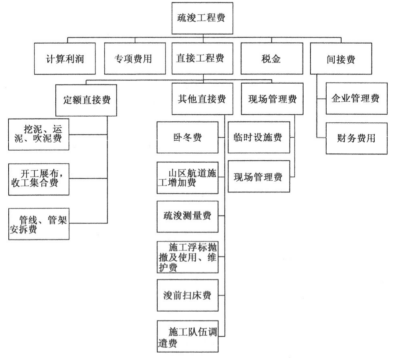

图2-8　疏浚工程费用组成示意图

(1)挖泥、运泥、吹泥费。指在挖泥、运泥、吹泥过程中各种船舶和排泥管的使用费。编制概、预算时,按疏浚工程相关定额计算。

(2)开工展布、收工集合费。指船舶进退场的费用,编制概、预算时按疏浚工程相关定额计算。开工展布、收工集合的次数,一个单位工程原则上只计算一次。若因工程量较大,需要跨冰封期施工,可按实际情况计算开工展布、收工集合次数;自航耙吸挖泥船开工展布、收工集合按挖槽长度10km计算一次,小于10km时按一次计算,每超过10km增加一次;对经常性进行维护的疏浚工程,则按每月计算一次。

(3) 管线、管架安拆费。按疏浚工程相关定额计算。

(4) 卧冬费。指各种船舶在烟台和黄河以北地区(包括烟台和黄河地区)施工时因卧冬需要所增加的费用,编制概算、预算时,烟台及其以北沿海地区按定额直接费的15%计算,黄河及其以北内河地区按定额直接费的15%计算,其中黑龙江地区按定额直接费的30%计算。

(5) 山区航道施工增加费。指挖泥船在山区河流航道上施工时因洪水期流速大影响工效所增加的费用,编制概算、预算时,按定额直接费乘费率计算。黄河及其以北内河地区卧冬费与山区航道增加费不得重疏浚工程费。

(6) 疏浚测量费。指浚前、浚中、浚后的施工测量费,编制概算、预算时均按疏浚工程量每万立方米700元计算。

(7) 施工浮标抛撤及使用、维护费。指浮标的抛撤、使用及维护所发生的费用,沿海地区按每座天200元计算,内河地区按每座天100元计算。浮标抛撤需要使用航标船时,其调遣费按相同功率拖轮的调遣费计算。

(8) 浚前扫床费。指新建工程因对水下情况不明,需在施工前扫床所发生的费用(不包括清理障碍物和扫床船舶的调遣费),编制概、预算时按扫床面积每平方公里3万元计费。

(9) 施工队伍调遣费。指施工船舶、设备等根据建设任务的需要,非成建制地由原施工地点(或由基地)至另一施工地点所发生的往返调遣费用。调遣次数,工期在一年以内原则上按一次计算,工期超过一年的按施工组织设计确定。费用内容包括被调遣船舶准备、结束调遣和执行调遣中的船舶艘班费及封舱、启舱、改装、拆除、复原所发生的费用以及管线人员、设备、仪器、材料的调遣费等。

(10) 临时设施费。指施工企业为进行疏浚工程施工所必须的生活和生产用的临时建筑物、构筑物和其他临时设施费用,包括临时设施(如水位站、临时工棚等)的搭设、维修、拆除费或摊销费。临时设施费按定额直接费的2%计算。

(11) 现场管理费。指企业在现场为组织和管理工程所需的费用,按定额直接费的5%计算。

(12) 企业管理费。指施工企业为组织施工、生产经营活动所发生的管理费用,按工程费的10%计算。

(13) 财务费用。指企业为筹集资金而发生的各项费用,包括企业经营期间发生的短期贷款利息净支出、汇兑净损失、调剂外汇手续费、金融机构手续费以及企业筹集资金发生的其他财务费用。财务费用按工程费的1%计算。

(14) 计算利润。利润一般按直接费与间接费之和的7%计算。

(15) 专项费用。指需要独立计算的费用,包括燃料差价、人工费差价、高原津贴、特区津贴、疏浚土废弃物倾倒费、航养费、过闸费等费用。专项费用不计利润,但应计税。

(16) 税金。指按国家税法规定应计入建筑安装工程造价内的营业税、城市维护建设税及教育费附加。

(四) 建筑安装工程费用(港口工程)

2004年5月24日,交通部以交水发(2004)247号"关于发布《沿海港口建设工程概算预算编制规定》及配套定额的通知"批准颁布了 2004 年修编的《沿海港口建设工程概算预算编制规定》、《沿海港口水工建筑工程定额》、《沿海港口装卸机械设备安装工程定额》、《沿海港口水工建筑及装卸机械设备安装工程船舶机械艘(台)班费用定额》、《水运工程混凝土和砂浆材料用量定额》和《沿海港口水工建筑工程参考定额》6 种定额(以下简称"新定额"),自 2004 年 7 月 1 日起施行。沿海港口工程建筑安装工程费的组成如图 2-9 所示。各种费用的取费标准及计算办法按"新定额"计算。

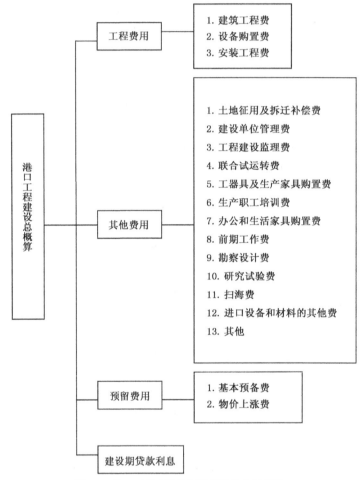

图 2-9　港口工程建设总概算费用组成示意图

沿海港口工程中的水工建筑工程、装卸机械设备安装工程及临时工程均应编制单位工程概算和预算。单位工程概预算费用由直接工程费、间接费、利润、税金和专项费用五部分组成,如图 2-10 所示。

沿海港口水工建筑及装卸机械设备安装工程根据其主体工程的建设规模和施工难易程度划分为两类,一类工程包括:沿海码头≥10 000t 级、河口及长江干线码头≥3 000t 级、直立式防波堤、海上孤立建(构)筑物、取水构筑物、水上软基加固的水工工程,集装箱及 10 000t 级以上散货泊位的堆场道路工程,集装箱、散货(装卸设备成系统)码头;液体危险品码头装卸机械设备安装工程等等。二类工程包括:沿海码头＜10 000t 级、河口及长江干线码头＜3 000t 级、斜坡式防波堤、引堤、海堤(护岸)围堰、大型土石方工程等等。

1. 直接工程费

直接工程费包括定额直接费和其他直接费。

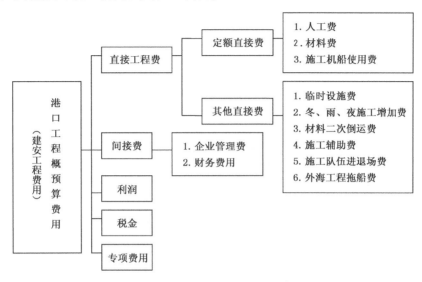

图 2-10　港口工程工程费用组成示意图

(1)定额直接费。定额直接费是指施工过程中耗费的构成工程实体和有助于工程形成的各项费用,包括人工费、材料费和施工船机使用费。人工费是指直接从事建筑安装工程施工的生产工人开支的各项费用;材料费是指施工过程中耗用的构成工程实体的材料、辅助材料、构(配)件、零件、半成品和周转材料的摊销量按当地的市场材料价格计算的费用;施工船舶及机械使用费的计算应执行交通部颁发的《沿海港口水工建筑及装卸机械设备安装工程船舶机械艘(台)班费用定额》。

材料的价格由供应价格、材料供销部门手续费、包装费、运杂费、场外运输损耗、采购及仓库保管费组成。进口材料的原价是指材料的外币到岸价。

(2)其他直接费。其他直接费是指定额直接费以外施工过程中发生的直接费,包括临时设施费、冬(雨)季及夜间施工增加费、材料二次倒运费、施工辅助费、施工队伍进退场费、外海工程拖船费。

①临时设施费。是指施工企业为进行建筑安装工程施工所必须的生活和生产用的临时建筑物、构筑物和其他临时设施费用等,包括临时设施的搭设、维修、拆除或摊销费。

计算办法:　　　　　临时设施费 = 定额直接费 × 临时设施费费率

临时设施费费率见表 2-5。

②冬季、雨季及夜间施工增加费。是指工程在冬季、雨季及夜间施工增加的费用,包括冬季、雨季及夜间施工工效降低;在冬季施工需要采取防寒、保暖措施;在雨季施工需采取防雨、防潮、防冲措施;在夜间施工的夜班津贴、照明及有关设施的折旧、维修、安拆、运输管理所增加的费用。但不包括蒸汽养护混凝土构件的费用以及属于企业管理费开支的值班人员夜餐津贴和现场一般照明等费用。

临时设施费费率计算表(%) 表2-5

序号	专业工程名称 \ 工程类别		一类工程	二类工程
1	一般水工工程		1.392	1.253
2	陆域构筑物工程		1.309	1.178
3	堆场道路工程		1.215	1.094
4	大型土石方工程	机械施工	—	0.387
5		人力施工	—	3.359
6	装卸机械设备安装工程		1.486	1.337

计算办法:冬季、雨季及夜间施工增加费 = 定额直接费×冬季雨季及夜间施工增加费费率
冬、雨、夜施工增加费费率见表2-6。

冬季、雨季及夜间施工增加费费率(%) 表2-6

序号	工程类别	专业工程名称 \ 地区		东北地区	华北地区	长江干线	华东、中南、西南地区
1	一类工程(长江干线马鞍山及其上游地区)	一般水工工程		1.859	1.581	1.209	0.744
2		陆域构筑物工程		1.745	1.484	1.135	0.698
3		堆场道路工程		1.655	1.407	1.076	0.662
4		装卸机械设备安装工程		2.476	1.981	1.486	0.990
5	二类工程(长江干线马鞍山以下地区)	一般水工工程		1.674	1.423	1.088	0.670
6		陆域构筑物工程		1.571	1.335	1.021	0.628
7		堆场道路工程		1.490	1.266	0.968	0.596
8		大型土石方工程	机械施工	0.928	0.774	0.619	0.387
9			人力施工	1.768	1.503	1.149	0.884
10		装卸机械设备安装工程		2.228	1.783	1.337	0.891

③材料二次倒运费。材料二次倒运费是指在施工现场发生的材料、成品及半成品的二次倒运费,计算办法为:

材料二次倒运费 = 定额直接费×材料二次倒运费费率。

材料二次倒运费费率见表2-7。

材料二次倒运费费率(%) 表2-7

序号	专业工程名称 \ 工程类别	一类工程	二类工程
1	一般水工工程	0.353	0.318
2	陆域构筑物工程	0.306	0.275
3	堆场道路工程	0.304	0.274
4	装卸机械设备安装工程	0.495	0.446

注:大型土石方工程不计算此项费用

④施工辅助费。施工辅助费包括生产工具用具使用费(指施工生产所需不属于固定资产的生产工具及检验试验、用具等的购置摊销和维修费以及支付给生产工人自备工具的补贴费)、检验试验费(指建筑材料、构件和建筑安装物进行一般鉴定、检查所发生的费用,包括自设试验室进行试验所耗用的材料和化学用品费用等以及技术革新和研究试验费;不包括新结构、新材料的试验费和建设单位要求对具有出厂合格证明的材料进行检验、对构件破坏性试验及其他特殊要求检验试验的费用)和工程定位复测、工程点交、场地清理费等三项费用,计算方法为:

施工辅助费 = 各类工程的定额直接费 × 施工辅助费费率

施工辅助费费率见表2-8。

施工辅助费费率(%) 表2-8

序 号	专业工程名称	工程类别	一 类 工 程	二 类 工 程
1	一般水工工程		1.116	1.004
2	陆域构筑物工程		1.047	0.942
3	堆场道路工程		1.011	0.910
4	大型土石方工程	机械施工	—	0.309
5		人力施工	—	1.326
6	装卸机械设备安装工程		1.783	1.605

⑤施工队伍进退场费。施工队伍进退场费是指施工单位承担工程施工时,所使用的船舶及施工机械进入和退出施工现场的费用及派出部分施工力量所发生的往返调遣费用(表2-9)。包括调遣期间职工工资、差旅交通费、施工船舶(机械、工具、器具、周转材料和生产及管理用具)的调遣和运杂费,以及船舶、机械在调遣时需要开舱、封舱、改装、复原、拆卸、安装的费用,计算办法为:

施工队伍进退场费 = 各类工程的定额直接费 × 施工队伍进退场费费率

施工队伍进退场费费率(%) 表2-9

序号	专业工程名称	工程类别 距离	一 类 工 程		二 类 工 程	
			施工单位基地距工程所在地距离(km)			
			<25	>25	<25	>25
1	一般水工工程		0.707	1.326~4.861	0.636	1.193~4.375
2	陆域构筑物工程		0.655	1.228~4.503	0.590	1.105~4.053
3	堆场道路工程		0.610	1.144~4.194	0.549	1.029~3.774
4	大型土石方工程	机械施工	—	—	0.309	1.160~3.868
5		人力施工	—	—	0.541	0.541~1.805
6	装卸机械设备安装工程		0.990	0.990~5.449	0.891	0.891~4.903

⑥外海工程拖船费

外海工程拖船费是指码头、防波堤、栈(引)桥等工程使用挖泥船、打桩船、起重船、打夯船等大型工程船舶在外海施工时,由于风浪、水流等原因不能连续驻船作业,必须拖回临时停泊地而发生的船舶拖运费,计算办法为:

外海工程拖船费 = 各类工程的定额直接费 × 外海工程拖船费费率

外海工程拖船费费率见表2-10。

外海工程拖船费费率(%) 表2-10

序号	工程类别\专业工程名称	一类工程	二类工程
1	一般水工工程	1.133	1.020
2	装卸机械设备安装工程	0.604	0.544

注：陆域构筑物工程、堆场道路工程、大型土石方工程不计此项费用。

2．间接费

间接费包括企业管理费和财务费用。

(1)企业管理费。指施工企业为组织施工生产和经营活动所发生的管理费用,包括：

a．管理人员工资。是指管理人员的基本工资、工资性补贴、职工福利费、劳动保护费等。

b．办公费。是指企业管理办公用的文具、纸张、账表、印刷、邮电、书报、会议、水电、烧水和集体取暖(包括现场临时宿舍取暖)用煤等费用。

c．差旅交通费。是指职工因公出差、调动工作的差旅费、住勤补助费、市内交通费和误餐补助费、职工探亲路费、劳动力招募费、职工离退休、退职一次性路费、工伤人员就医路费、工地转移费以及管理部门使用的交通工具的油料、燃料、养路费及牌照费。

d．固定资产使用费。是指管理和试验部门及附属生产单位使用的属于固定资产的房屋、设备仪器等的折旧、大修、维修或租赁等。

e．工具用具使用费。是指管理使用的不属于固定资产的生产工具、器具、家具、交通工具和检验、试验、测绘、消防用具等的购置、维修和摊销费。

f．劳动保险费。是指由企业支付离退休职工的易地安家补助费、职工退职金、6个月以上的病假人员工资、职工死亡丧葬补助费、抚恤费、按规定支付给离休干部的各项经费。

g．工会经费。是指企业按职工工资总额计提的工会经费。

h．职工教育经费。是指企业为职工学习先进技术和提高文化水平、按职工工资总额计提的费用。

i．财产保险费。是指施工管理用财产、车辆保险。

j．财务费。是指企业为筹集资金而发生的各种费用。

k．税金。是指企业按规定缴纳的房产税、车船使用税、土地使用税、印花税等。

l．其他。包括技术转让费、技术开发费、业务招待费、土地使用费、排污费、绿化费、广告费、公证费、法律顾问费、审计费、咨询费、定额测定费、临时工管理费、施工现场一般照明费、上级管理费等。

企业管理费计算办法：以各类工程的基价定额直接费与其他直接费之和为基础按表2-11、表2-12费率计算。

一类工程企业管理费费率(%) 表2-11

序号	距离\专业工程名称	≤25	≤100	≤300	≤500	≤1000	>1000
		施工单位基地距工程所在地距离(km)					
1	一般水工工程	8.919	9.712	10.237	10.791	11.058	11.918
2	陆域构筑物工程	8.564	9.321	9.821	10.349	10.604	11.425
3	堆场道路工程	8.257	8.989	9.471	9.980	10.226	11.018
4	装卸机械设备安装工程	7.035	7.498	7.805	8.128	8.283	8.786

二类工程企业管理费费率(%) 表 2-12

序号	专业工程名称	距离 施工单位基地距工程所在地距离(km)					
		≤25	≤100	≤300	≤500	≤1 000	>1 000
1	一般水工工程	8.027	8.741	9.214	9.711	9.952	10.727
2	陆域构筑物工程	7.708	8.389	8.839	9.314	9.543	10.282
3	堆场道路工程	7.431	8.089	8.523	8.982	9.203	9.916
4	大型土石方工程 机械施工	1.530	1.710	1.830	1.955	2.016	2.212
5	大型土石方工程 人力施工	8.097	8.905	9.439	10.002	10.274	11.151
6	装卸机械设备安装工程	6.332	6.748	7.023	7.315	7.455	7.907

(2)财务费用。指企业为筹集资金而发生的各项费用,包括企业经营期间发生的短期贷款利息净支出、汇兑净损失、调剂外汇手续费、金融机构手续费以及企业筹集资金发生的其他财务费用。

计算办法:以各类工程的基价定额直接费与其他直接费之和为基础按表 2-13 费率计算。

财务费用费率(%) 表 2-13

序号	专业工程名称	工程类别	一类工程	二类工程
1	一般水工工程		0.754	0.679
2	陆域构筑物工程		0.708	0.637
3	堆场道路工程		0.642	0.578
4	大型土石方工程	机械施工	—	0.311
5	大型土石方工程	人力施工	—	0.900
6	装卸机械设备安装工程		0.496	0.446

3. 利润

指施工企业完成所承包工程获得的盈利。利润以基价定额直接费、其他直接费、间接费三者之和为基础计算。编制概(预)算时利润按 7% 计算;大型土石方工程的填料价值的利润按 3% 计算。

4. 税金

税金系指按国家税法规定,应计入建筑安装工程造价内的营业税、城市维护建设税及教育费附加,计算公式为:

税金 = (直接工程费 + 间接费 + 利润) × 税率

税率 = {1/[1 - 营业税税率 × (1 + 城市维护建设税税率 + 教育费附加税率)]} - 1

(1)纳税地点在市区时,税率 = 3.41%;

(2)纳税地点在县城、乡镇时,税率 = 3.35%;

(3)纳税地点不在市区、县城、乡镇时,税率 = 3.22%。

5. 专项费用

指需要独立计算的费用,此项费用应计算税金。

(五) 工程建设其他费用(港口工程)

工程建设其他费用,以港口工程为例,包括以下内容:

1. 土地征用及拆迁补偿费

指依据批准的设计文件规定的用地范围,按照《中华人民共和国土地管理法》等法律、法规规定应支付的土地征用及拆迁补偿等费用,包括:

(1)土地补偿费。包括被征用土地地上、地下附着物及青苗补偿费,征用城市郊区的菜地等缴纳的菜地开发建设基金,耕地占有税或城镇土地使用税,土地登记费及征地管理费等。

(2)征用耕地安置补助费。指征用耕地需要安置农业人口的补助费。

(3)征地动迁费。指被征用或占用土地上的房屋及附属构筑物、城市公用设施等的拆除、迁建补偿费、搬迁运输费,企业单位因搬迁造成的减产停产损失补偿费,拆迁管理费等。

(4)复耕费。指临时占用的耕地、鱼塘等,待工程竣工后将其复还所发生的费用。

土地征用及拆迁补偿费的计算办法应根据设计提出的用地(包括水面)数量和其附着物的情况,以及实际发生的费用项目,按照国家有关规定和工程所在地地方政府制定的标准计算。

2. 建设单位管理费

指建设单位为工程建设项目从立项、筹建、建设、联合试运转、竣工验收、交付使用及后评估等工作所发生的管理费用。建设单位管理费包括建设单位开办费和建设单位经费两部分内容。

第一部分,建设单位开办费指新组建的建设单位为保证正常开展管理工作所需的初始费用,内容包括:

(1)办公和生活临时用房工程费;

(2)临时仓库、货场等临时设施工程费;

(3)车辆和办公生活设备、检验(试验)设备费;

(4)其他用具用品购置以及用于开办工作的其他费用。

第二部分,建设单位经费指建设单位为建设项目的立项、筹建、建设、竣工验收、交付使用及后评估等工作所发生的日常管理费用,内容包括:

(1)工作人员的基本工资、工资性补贴、劳动保险费、职工福利费、工会经费、劳动保护费、办公费、差旅交通费、固定资产使用费、工具用具使用费、技术图书资料费、职工教育经费、工程招标费、合同契约公证费、咨询费、法律顾问费、业务招待费、竣工交付使用清理及竣工验收等费用。

(2)房产税,车、船使用税,印花税。

(3)临时设施费。指建设单位所用临时设施搭设、维修、摊销或租赁费。

3. 工程建设监理费

工程建设监理费系指建设单位委托具有相应资质等级的水运工程建设监理单位,按工程建设监理办法进行全面监督与管理所发生的费用。监理费用以工程费用总计为基础按规定的标准计算。

4. 联合试运转费

指新建、扩建工程项目,在竣工验收前按照设计规定的工程质量标准,进行单机重载试车,整个生产运行系统空载或重载联合试运转所发生的全部费用抵扣试车期间收入的差额。不包括应由设备安装工程项下开支的调试费及试车费的费用。

(1) 费用内容。包括试运转所需要的原料、燃油料和动力的消耗,船舶和机械使用费,工具用具和低值易耗品费,其他费用以及施工单位参加联合试运转人员的人工费等。

(2) 计算方法。以工程费用中的装卸机械设备购置费为基础,单一的杂货、集装箱码头按 0.3% 计算,油码头、散货码头和综合性码头按 0.7% 计算。

5. 工器具及生产家具购置费

指为保证建设项目初期正常生产所必须购置的第一套、且费用低于计入固定资产标准的设备、仪器、生产工具和生产家具的费用。计算办法:以工程费用中的装卸机械设备购置费为基础乘以 1.6%~4.0% 计算。

6. 生产职工培训费

指工程竣工验收前,生产单位为保证生产的正常运行而安排的提前进港人员的经费和培训人员所需的培训费。包括提前进港人员和需要培训人员的人工费、教育经费、劳动保险费、差旅交通费、办公费、会议费、技术图书资料费、零星固定资产购置费、工具用具使用费、水电费等属于生产筹备发生的费用和培训人员的实习费等。计算办法是按设计定员每人 2 000 元标准计算。

7. 办公和生活家具购置费

指为保证新建或扩建项目初期正常生产、运行和管理所必须购置的办公、生活家具和用具的费用。包括办公室、会议室、资料档案室、阅览室、文娱活动室、食堂、浴室、理发室、单身职工宿舍及设计文件规定必须建设的医务室、招待所等的家具、用具和器具的购置费。计算办法是按设计定员的每人 1 000 元标准计算。

8. 前期工作费

指为建设项目编制可行性研究报告,进行环境预评价及投资估算,为可行性研究安排的勘察、测量、试验以及在初步设计之前进行的设计、方案比选、工程咨询和评估等支付的费用。前期工作费按国家和有关部门规定的标准计算。

9. 勘察设计费

指初步设计和施工图设计的勘察费、设计费(包括非标设计费),概算、预算编制费。但不包括临时工程设计费。计算办法按国家颁发的工程勘察设计收费标准和有关规定计算。

10. 研究试验费

指为本建设项目提供或验证设计参数、数据资料等进行必要的研究试验,按设计要求在施工中必须进行的试验、验证及支付科技成果、技术专利等的一次性技术转让费。包括自行或委托其他部门研究试验所需人工费、材料费、试验设备及仪器使用费等。费用按设计提出的研究试验内容和要求计算。

11. 扫海费

指为保证船舶进出港安全,在工程竣工验收前,在港区水域、航道、锚泊地等扫海需要的费用。扫海面积由设计单位根据有关部门的规定提出,费用按有关规定计算。

12. 进口设备和材料的其他费

包括国内接运保管费、从属费用和技术合作费,应按有关规定分别以内币或外币计列。

(1)国内接运保管费。指进口设备和材料从到达港口运到施工现场仓库或指定堆放地点的运杂费及保管费等费用。如合同规定的进口设备和材料的到岸价为舱底价时,还应包括卸船费。费用计算按进口设备(包括备品备件)和材料原价外币金额及现行外汇牌价折算成人民币后,进口设备按0.5%~2%计算;进口材料按2%~5%计算。超限设备运输的特殊措施费按有关规定另行计算。

(2)从属费用。指进口设备和材料的外贸手续费、中国银行手续费、外国银行手续费、海关关税、增值税、海关监管手续费、商品检验费、车辆购置附加费、承诺费等。费用计算按国家有关规定或贷款协定计算。

(3)技术合作费。技术合作费包括:

①为引进技术和进口设备派出人员进行设计联络、设备材料监检、培训等的差旅费和生活费用等。

②国外工程技术人员来华差旅费、生活费和接待费用等。

③国外设计及技术资料、软件、专利和技术转让费、延期或分期付款利息等。

④利用外资贷款建设项目的外方监理费。

上述费用按照合同和国家有关规定计算。

13. 其他

指根据建设任务的需要,必须在建设项目列支的其他费用,例如施工机构迁移费、施工专用设备购置费、水资源费、工程保险费等。

(六)预留费用

预留费用包括基本预备费和物价上涨费。

1. 基本预备费

基本预备费指在初步设计和概算内难以预料的工程和费用,包括:

(1)在不突破批准的初步设计和概算范围内,技术设计、施工图设计及施工过程中所增加的工程和费用;设计变更、局部地基处理等增加的费用。

(2)一般自然灾害造成的损失和预防自然灾害所采取的措施费用。

(3)竣工验收时为鉴定工程质量对隐蔽工程进行必要的挖掘和修复费用。

费用计算:以工程费用与港口建设工程其他费用之和为基础,按5%计算。外币部分的基本预备费按外币计列。

2. 物价上涨费

物价上涨费指建设项目在建设期间由于价格等变化引起工程造价变化的投资增加额,包括人工费、设备、材料、施工船机的价差,建筑安装工程费及港口建设工程其他费用的调整,利率、汇率调整等。

费用计算方法:根据合理建设工期和分年度投资(仅限工程费用和其他费用两部分,不含土地征用及拆迁补偿费)按年投资价格指数计算。计算公式如下:

$$E = \sum_{n=1}^{N} F_n [(1+P)^n - 1] \tag{2-25}$$

式中:E——物价上涨费;

N——合理建设工期(按施工条件设计确定);

n——施工年度;

F_n——第n年的年度投资;

P——年投资价格指数,年投资价格指数应以国家或有关部门发布的价格指数为准。

(七)建设期贷款利息

建设期贷款利息系指本建设项目投资中分年度使用国内贷款或国外贷款部分,在建设期内应归还的工程贷款利息。国外贷款部分的利息按外币计列。在编制概算时,建设期贷款利息可根据需付息的分年度投资(包括工程费用、其他费用、基本预备费、物价上涨费等)按现行利率计算。计算公式为:

建设期贷款利息 = Σ[本年初需付息贷款本息累计 + (本年度付息贷款额/2)] × 年利率

四、监理工程师在设计阶段进行投资控制的主要工作

水运工程项目的工程可行性研究批准以后,投资人或受投资人委托的工程咨询机构可编制项目设计计划任务书,项目进入设计阶段。在设计阶段,监理工程师在受投资人的委托下可完成以下工作:

(1)协助投资人做好项目设计招标的前期工作。

(2)协助投资人并参与对投标人(设计单位)资格的审查以及评标工作。

(3)协助投资人或受投资人委托实施设计监理,根据水运工程的建设规模,严格按照设计标准并积极推广标准设计。

水运工程设计标准规范和标准设计,来源于工程实践的经验总结和科研成果,是工程设计必须遵循的科学依据。已有大量成熟的、行之有效的实践经验和科技成果纳入标准规范和标准设计,这是科学技术转化为生产力的一条重要途径,也是衡量工程建设质量的尺度,符合了标准规范,质量就有了保证。因此,抓设计质量,首先必须审查是否按设计标准规范进行设计,设计标准规范就是技术法规。

对一些设计标准规范没有明确规定的特殊工程,设计时必须进行必要的技术、经济论证,进行必要的试验研究,为工程设计提供科学依据。对具有标准设计的定型产品,应积极推广标准设计,如码头装卸设备及工艺流程设计等,采用标准化设计有利于降低工程造价,一是可以加快设计图纸的出图速度(可加快1~2倍),缩短设计周期、节约设计费用;二是定型产品的生产工艺定型,容易提高劳动生产率、节约材料,有利于生产成本的降低;三是施工单位对标准产品具有成熟的施工经验,容易保障施工质量、加快施工进度和降低施工成本;四是有利于工

业化生产、能合理利用能源、资源和材料设备,产品质量易于控制。

(4)受投资人委托审查工程设计概(预)算。

处理好技术和经济的对立统一关系,是控制项目投资的关键性工作。既要反对片面强调节约,忽视技术上的合理性,使项目达不到设计功能的倾向,又要反对重技术、轻经济,设计保守、浪费、脱离国情的倾向。后一种倾向在设计人员中反映较明显,这和当今建筑市场施工质量不高有关。因此,监理工程师凭借自身的经验和有关规范,在审查工程设计概算的同时,应注意审核有关设计参数的合理性。

五、监理工程师对设计概算的审查

(一)设计概算的作用

(1)设计概算是确定建设项目、各单项工程及其单位工程投资的依据。按照规定报请有关部门或者单位批准的初步设计及其总概算,一经批准即作为建设项目总造价的最高限额,不得任意突破,必须突破时仍须报原审批部门(单位)批准。

(2)设计概算是编制投资计划的依据。计划部门根据批准的设计概算编制建设项目年度固定资产投资计划,并严格控制投资计划的实施。若建设项目实际投资数额超过了总概算,那么必须在原设计单位和投资人共同提出追加投资的基础上,经上级计划部门审核批准后,方能追加投资。

(3)设计概算是进行筹资的依据。发包人根据批准的设计概算和年度投资计划进行筹资。

(4)设计概算是实行投资包干的依据。在进行概算包干时,单项工程综合概算及建设项目总概算是投资包干指标商定的基础,尤其经上级主管部门批准的设计概算或修正概算,是主管单位与包干单位签订包干合同、控制包干数额的依据。

(5)设计概算是考核设计方案的经济合理性和控制施工图预算的依据。设计单位应根据设计概算进行技术经济分析和多方案评价,以提高设计质量和经济效益,同时保证施工图预算在设计概算的范围内。

(二)审查设计概算的意义

审查设计概算,有利于合理分配投资资金,加强投资计划管理。设计概算编制偏高或者偏低,都会影响投资计划的真实性,影响投资资金的合理分配。所以审查设计概算是为了准确确定工程造价,使投资更能遵循客观规律。

审查设计概算,可以促进概算编制单位严格执行国家有关概算的编制规定和费用标准,从而提高概算的编制质量。

审查设计概算,有助于促进设计的技术进步与经济合理性。概算中的技术、经济指标,是概算的综合反映,与同类工程对比,便可查出它的先进性与合理程度。

审查设计概算,可以使建设项目总投资力求做到准确、完整,防止任意扩大投资规模或出现漏项,从而减少投资缺口,缩小概算与预算之间的差距,避免故意压低概算投资,导致实际造价大幅度地突破概算投资的情况。

审查后的概算,对建设项目投资的落实提供了可靠的依据,打足投资,不留缺口,提高建设项目的投资效益。

(三)设计概算的审查内容

1. 审查设计概算文件的组成

设计概算文件常常由以下内容组成(以港口工程建设项目为例):

(1)编制说明:包括工程概况;编制依据、单项及单位工程的划分;工程总投资;主要技术经济指标及各项投资所占比例;存在的主要问题等;

(2)建设项目总概算;

(3)建筑工程概算;

(4)设备购置及安装工程概算;

(5)港口建设工程其他费用概算;

(6)补充(调整)单位估价表;

(7)建筑安装工程主要材料用量汇总表;

(8)概算中采用的主要材料及设备价格汇总表;

(9)概算文件的电子文档(含软件计算成果文件)。

2. 审查编制设计概算的依据

设计概算编制的依据主要包括:国家的有关法令及法规、初步设计文件(包括施工条件设计)、设计概算编制的有关定额和规定、生产厂家的设备出厂价格、工程所在地的材料市场价格或工程所在地基建主管部门颁布的材料预算价格及有关规定。

首先审查编制依据的合法性。采用的各种编制依据必须经过国家主管部门的批准,符合国家的编制规定。未经批准的不能采用。也不能强调情况特殊,擅自提高概算定额、指标或费用标准。

其次审查编制依据的时效性。各种依据,如定额、价格、取费标准等,都应根据国家有关部门的现行规定进行,注意有无调整和新的规定。有的虽然颁发时间不长,但已不能全部适用,有的应按有关部门颁发的调整系数执行。

再次审查编制依据的适用范围。各种编制依据都有规定的适用范围,如各主管部门规定的各种专业定额及其取费标准,只适用于该部门的专业工程;各地区规定的各种定额及其取费标准,只适用于在该地区的范围内。特别是地区的材料预算价格区域性更强,如某市有该市区的材料预算价格,又编制了郊区内一个矿区的材料预算价格,如在该市的矿区建设时,其概算采用的材料预算价格则应是矿区的价格,而不能采用该市的价格。

3. 审查设计概算的审批程序和管理情况

(1)建设单位在上报初步设计时,必须同时上报概算。初步设计概算由主管部门、工程投资方或由工程投资方委托有关单位主持审查并负责审批。概算审查时应有建设单位、设计单位和工程造价管理机构等单位参加。

(2)审查概算时,设计单位必须实事求是地向审查部门反映概算的编制情况及存在问题。审查部门应根据有关规定,认真协调各方意见,严格履行有关审批手续。设计单位应按照审查意见及时修改并调整概算。

(3)各有关部门和有关单位都应认真执行批准的总概算,不得任意突破。如单位工程或单项工程必须增加投资时,应使用已完工程的节余投资调剂解决。调剂有困难时,可分析原因,经主管部门批准,属于基本预备费内容的因素,可动用基本预备费;属于因人工、材料、设备价格上涨等内容的因素,可动用物价上涨费。如必须突破总概算时,其超过部分须经主管部门同意、并经设计单位修改后,报原概算审查部门审批核准。

(4)建设单位根据批准的总概算,应认真做好投资的使用和管理,加强对各项工程经济资料的收集和分析。

4. 单项工程设计概算的审查

审查单项工程概算,首先,要熟悉各地区和各部门编制概算的有关规定,了解其项目划分及其取费规定,掌握其编制依据、编制程序和编制方法。其次,要从分析技术经济指标入手,选好审查重点,依次进行。

一是审查工程量。根据初步设计图纸、工程量计算规则和施工组织设计的要求,进行审查。

二是审查采用定额或指标的情况。包括定额或指标的适用范围,定额基价或指标的调整,定额或指标中缺项的补充。其中,进行定额或指标的补充时,要求补充定额的项目划分、内容组成、编制原则等要与现行的定额精神相一致。

三是审查材料预算价格。要着重对材料原价和运输费用进行审查。在审查材料运输费用的同时,要审查节约材料运输费用的措施对降低材料费用的影响。为了有效地做好材料预算价格的审查工作,首先要根据设计文件确定材料耗用量,以耗用量大的主要材料作为审查的重点。

四是审查各种取费的情况。审查时,结合项目的特点,搞清各项费用所包含的具体内容,避免重复计算或遗漏。取费标准根据国家有关部门或地方规定标准执行。按规定调整材料价格,调整的价差不能计取各项费用。

5. 设备及安装工程概算的审查

审查设备及安装工程概算时,应把注意力集中在设备清单和安装费用的计算方面。设备原价的审查,包括价格的估算依据、估计方法等。同时还要分析研究影响非标准设备估价的有关因素及价格变动规律,提高审查工作的质量。

审查设备运杂费时须注意:第一,设备运杂费率一般要按交通部规定的相关行业标准执行;第二,如果设备价格中已包括包装费用和手续费的,不应重复进行计算,应相应降低设备运杂费率。

对进口设备费用的审查,根据设备费用各组成部分及我国设备进出口公司、外汇管理局、海关、税务局等有关部门不同时期的规定进行。

设备安装工程概算的审查范围,包括编制方法、编制依据等。当采用预算单价计算安装费用时,要审查采用的各种单价是否合适,计算的安装工程量是否符合规则要求,是否准确无误,当采用概算指标计算安装费用时,要审查采用的概算指标是否合理,计算结果是否达到精度要求。另外,还要审查计算安装费用的设备数量及种类是否符合设计要求,避免一些不需要安装的设备也计算了安装费。

6.总概算的审查

一是审查概算的编制是否符合国家方针、政策的要求。应坚持实事求是,根据工程所在地的条件(包括自然条件、施工条件和影响造价的各种因素),反对大而全、铺张浪费和弄虚作假,不许任意扩大投资额或留有缺口。

二是审查概算文件的组成。概算文件反映的设计内容必须完整,概算包括的工程项目必须按照设计要求确定,设计文件内的项目不能遗漏,设计文件外的项目不能列入;概算所反映的建设规模、建筑结构、建设标准、总投资是否符合计划任务书和设计文件的要求;非生产性建设项目是否符合规定的面积和定额,是否采用最经济的结构和适用材料,不要超前选用进口、高级、豪华的装饰、家具等;概算投资是否完整地包括建设项目从筹建到竣工投入使用的全部费用等。

三是审查总图设计和工艺流程。总图布置应根据生产和工艺的要求,全面规划,紧凑合理。港区运输和仓库布置要避免迂回运输。分期建设的工程项目要统筹考虑,合理安排,留有发展余地。总图占地和水域面积应符合"规划指标"要求。按照生产要求和工艺流程合理安排工程项目,主要装卸工艺要形成合理的流水线,避免工艺倒流,造成生产运输和管理上的困难,以及人力、物力的浪费。

四是审查项目的经济效果。概算是设计的经济反映,对投资的经济效果要进行全面考虑,不仅看投资的多少,还要看社会效果,并从建设周期、水运运量、港口吞吐量、腹地经济、资金回收和盈利等因素综合考虑、全面衡量。

五是审查项目的环保设计。设计方案必须符合国家和当地环境保护的要求。

(四)审查设计概算的方式和步骤

1.审查方式

对设计概算的审查可委托水运工程咨询监理公司组成专门审查班子,按照审查人员的业务专长,划分若干小组,将概算费用进行分解,分头审查,最后集中起来讨论定案。

2.审查步骤

(1)熟悉情况。要熟悉设计概算的组成内容;弄清编制的依据和编制方法;弄清建设项目的规模、设计能力和工艺流程;弄清设计图纸和说明书的主要内容;弄清概算所列的工程项目费用的构成;弄清概算各表和设计文字说明相互之间的关系,同时还要收集概算定额或指标等有关规定文件资料。弄清这些情况,为审查工作做好必要的准备。

(2)分析对比。利用规定的概算定额或指标以及有关技术经济指标与设计概算进行分析对比,根据设计和概算的工程性质、结构类型、建设条件、费用构成、投资比例、生产规模、设备数量、造价指标、劳动定员等与国内外同类型工程规模进行对比分析,从大的方面找出和同类型工程的距离,为审查提供线索。

(3)处理问题。在审查概算中对遇到的一些新问题、新情况,要在技术经济指标分析找出差距的基础上,深入现场进行调查研究,弄清工程建设的内外条件,了解设计是否经济合理,概算采用的定额、指标、价格、费用标准是否符合现行规定和施工现场实际,了解有无扩大规模、多估投资或预留缺口等情况。根据调查资料按照国家规定核实概算投资。

(4)调整概算。对审查中发现的问题,应逐一调查核实,以会审的方法,将应调整的内容集中讨论并形成统一意见,最后以设计概算审查报告的形式向委托单位报告。

思考题与习题

1. 分析理解资金的时间价值、利息、利率、复利的基本概念。
2. 分析比较经济分析与评价各种方法的计算及其意义。
3. 理解净现值、净年值、内部收益率、投资回收期的基本概念,掌握计算方法。
4. 可行性研究的目的和任务是什么?
5. 简述工程项目决策的原则,联系实际谈谈工程项目决策的基本要求体现在哪些方面?
6. 水运工程项目可行性研究分哪几个阶段?分析各阶段对投资控制有什么意义。
7. 试述设计阶段投资控制的作用和意义及控制方法。
8. 分析理解并掌握设计概算造价所包括的内容及计算方法。
9. 试分析比较下列因素对总现值的影响:

(1) 项目收益早、晚不同,见题图 2-1a)、b)。

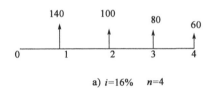
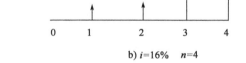

题图 2-1

(2) "短"项目与长期项目,见题图 2-2a)、b)。

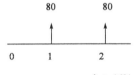
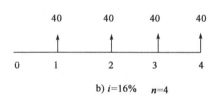

题图 2-2

(3) 收益相同,折现率不同,见题图 2-3a)、b)。

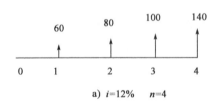
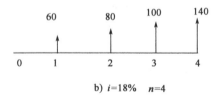

题图 2-3

(4) 收益不变,投产期推迟一年,见题图 2-4a)、b)。

10. 某企业向银行贷款,第一年初贷 100 万元,第二年初贷 200 万元,第三年初贷 70 万元,若贷款复利利率为 8%,第五年末一次还清的本利和是多少?

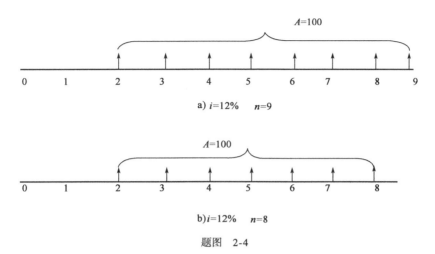

a) $i=12\%$ $n=9$

b) $i=12\%$ $n=8$

题图 2-4

11. 某公司计划于 4 年后对其主要施工机具进行更新，预计到第 4 年末需款 4000 万元，若复利利率为 4.8%，该公司从现在起每年末应存入银行多少钱？

12. 如果复利利率为 12%，从现在作为起点，10 年后的 100 万元，等值于今天（计算起点）的多少万元？

13. 某公司每年末向银行贷款 18 万元，贷款复利利率为 8%，问 10 年后（第 10 年的年末）贷款的本息共计多少元？

14. 某小企业期初投资 8 万元，计划在 8 年内收回投资，估计年收益率为 18%（复利），问每年至少应从企业收益中收回多少投资？

15. 某施工企业拟购一施工设备，购买该设备需要投资 100 万元，预计每年末可得净收益 30 万元。预计该设备使用 8 年，期末残值不计，但第 6 年末必须投入 50 万元大修理费，以便设备能继续使用。

(1) 若期望收益率为 12%，用净现值法加以评价。

(2) 若期望收益率为 12%，用净年值法加以评价。

(3) 若基准收益率 $i_0=15\%$，求此方案内部收益率，并对方案加以评价。

(4) 若期望收益率为 12%，标准投资回收期 T 为 6 年，试计算投资回收期，并对该方案进行评价。

(5) 分析第 6 年末投入 50 万元对设备进行大修的决策是否经济合理？

16. 工程项目前期研究一般包括哪几个研究阶段？简述它们的研究内容和要求。

17. 可行性研究报告应达到的深度要求有哪些？

18. 简述审查设计概算的方式和步骤。

19. 简述在审查设计总概算时的审查内容。

20. 分析审查设计概算的意义。

第三章 招投标阶段费用控制

[**本章内容要点**] 本章主要介绍招投标的目的、意义;监理人在招投标过程中可以发挥的作用;招标文件中工程量清单的概念、作用、内容及编制方法;工程承包合同的分类、特点及适用条件;投标人报价工作顺序、报价计算方法、综合单价、基础单价、分摊费用等概念;招标期间费用控制的工作内容、目的;招标程序和评标方法等内容。

第一节 概 述

一、招投标的目的和意义

招投标阶段是指工程项目从工程施工图设计结束至签订施工承包合同的施工招投标过程。招标人为发包拟建工程项目,用公开或邀请的方式选择具备承建工程能力的承包人,这个选择过程称为招标。投标人根据招标人在招标文件中所提出的条件,为取得工程施工的承包权,编制与报送投标标书参与竞争,这个竞争过程称为投标。在招投标过程中,招标人和投标人均希望通过公开、公平、合理的正当竞争达到各自的目标——获得相应的经济效益。

(一)招投标的目的

1. 承包人投标目的

承包人参与投标竞争的目的就是希望在实现自身目标的情况下中标,获得承包工程的资格。承包人在招投标期间为达目标往往会考虑以下两个方面:

(1)提出一个既有利润又具有竞争力的报价。投标报价是投标人对招标文件的一种承诺。它在投标截止日期之后即具有法律效力。报价是投标能否取得成功的关键因素之一。因此,报价必须符合两个基本条件:第一,报价应包含有利润。报价应该是完成合同规定义务的全部费用支出与期望获得利润的总和。因为,投标人都期望通过承包工程而取得盈利。第二,报价应具有竞争力。在招投标过程中所有的投标人都在竞争承包工程的资格,商务上的投标报价竞争是竞争的主要内容,所以投标人的报价又应该是低而合理的,这样才具有竞争力。

(2)签订一个对自己比较有利的合同。对承包人而言,有利的合同可以反映在以下几个方面:第一是合同双方责任权利关系比较平衡;第二是合同风险较小;第三是付款条件比较优惠;第四是合同中没有苛刻的、单方面的约束性条款等。

2. 招标人招标目的

招标人通过招标总是希望达到以下两个目的:

第一,选到承包工程的合理价格。按建筑市场特有的规律,招标人争取在投资限额内,使工程项目从图纸变为现实,完成项目建设,同时也希望能通过招投标活动节省和控制投资。在招标文件中对建设期限、工程数量、质量标准、施工现场及自然条件等均已明确说明(投标前承包人还可到工地现场作调查和勘测),投标人可以在统一的条件下进行公平竞争,各自根据自己的综合实力进行投标报价,在此基础上招标人可以选到承包工程的合理价格。

第二,选到优秀的承包人。招投标活动成功的标志就是在选到合理价格的同时选到优秀的承包人。如果未能选到合理而满意的价格,或者选不到满意的承包人,或者两者都未能令人满意,招标人想控制质量、进度、费用三大目标是十分困难的,这已被无数工程实践所证明。对一个素质低劣、施工技术水平低、管理能力弱、财务上没有抗风险能力的承包人,往往在执行合同文件的过程中和监理人缺少共同语言,不仅对工程质量、进度难以控制,也会给费用控制和合同管理增加意想不到的困难。因此,在招标过程中,一定要对投标人(特别是项目经理)的情况进行全面审查,经过认真的比较、分析、筛选,最后选择优秀的承包人中标。

(二)招投标的意义

1. 确保招标人建设目标的实现,为费用控制打下良好基础

在招投标过程中,招标人处于主导地位,在招标文件和承包合同中可以充分体现招标人的建设意图。招标文件是任何投标人必须遵守的投标准则,在施工过程中,承包人必须严格遵守合同文件的规定,严格履行合同规定的义务,使工程项目在确保施工质量的前提下,降低成本,按期完成施工任务。

2. 促进承包人素质的提高,为费用控制创造必要条件

承包人进入建筑市场后,在激烈的市场竞争中,为使自己能发扬优势,在竞争中取胜,就必须不断地提高企业管理人员与技术人员的素质,提高经营管理水平和劳动生产率,提升企业的综合实力,降低成本,提高企业的经济效益,否则承包人将被市场所淘汰。

3. 依法招标,为费用控制提供法律依据

《中华人民共和国招标投标法》已对工程项目的施工招投标活动有了明确的规定,使整个招投标过程的管理步入法治的轨道。通过施工承包合同和监理合同,确定了招标人、承包人和监理人三个方面在工程施工过程中的地位、责任和权利,形成了严密的、互相制约的合同关系。

二、监理人在招投标阶段的主要工作

在招投标阶段,按照招标人聘请监理人参与招投标工作的不同方式和要求,监理人发挥的作用和承担的职责是不同的。监理人在招投标过程中常常可以完成以下工作:

(1)协助招标人审查施工图设计文件;
(2)协助招标人编写施工招标文件(包括评标、定标的有关规定);
(3)协助招标人对投标人进行资格审查和业绩评判;
(4)受招标人委托参加招标、评标的各项具体工作;
(5)参加招标人与承包人的合同谈判和起草工程施工承包合同。

监理人虽然处于"协助"、"参与"的地位,但是,要在参加的过程中,成为招标人的参谋与

助手,有时还要受招标人的委托承担编制标底或起草承包合同的具体任务。因此,监理人必须掌握招投标的业务知识,熟悉招投标内容与工作程序,这样才能保证为招标人提供高质量的服务。

监理人为了能够在施工过程中实现费用控制目标,必须在招投标过程中做好基础性工作,为费用监理创造必要条件。这种基础工作包括以下三个方面:

1. 对承包人的要求

协助招标人努力寻找施工能力强、施工技术、组织、管理水平高,报价合理、信誉好,具有一定的财务抗风险能力的投标人作为项目的承包人,成为工程实施的合作伙伴。

2. 对招标人的要求

在招投标过程中,招标人处在主动地位,在招标文件中,往往对投标人作出了种种严格的要求和限制,而对招标人的要求则较少。为了能选到最合适的投标人作为承包人,监理人在招投标过程中,应以国家法律、行业法规、工作惯例及监理人的实践经验来影响招标人,促进招标文件的合法性、科学性、可行性和合理性,保障招投标工作的成功。

3. 对招投标工作的要求

(1)依法办事。招投标工作应依据国家的招标投标法,交通部的行业规范、规定,各级地方政府制定的工程项目施工招投标实施细则和办法进行,不得出现任何违规操作。

(2)坚持标准。在招投标前提出一个符合行业规范的统一标准,在开标前应实事求是地制订、公开宣布评标标准和定标办法,在整个招标过程中应严格执行所制订的标准,不得任意更改,否则就违背了公平、公正的原则,就无法达到招标目的。

(3)遵守惯例。施工招标制在我国引进和推行了较长时间,已形成了许多国际惯例和国内惯例,这些惯例已收入招标文件的范本,已被广大投标人认同和熟悉,若不是特殊工程的招标,应该遵照这些惯例去进行招标工作,这样有利于招标工作的顺利进行。

(4)安排合理。招投标工作应按一定的程序进行,时间安排力求合理,在保证招标人招标准备工作充分的基础上,应给投标人留足投标时间,让投标人能在熟悉情况的基础上,提出最优的施工方案、施工组织和投标报价,这样有利于招标人选择优秀的承包人。

第二节 水运工程工程量清单计价规范

一、概述

为了进一步规范水运工程计价行为,统一水运工程工程量清单计价的编制和计价方法,交通运输部依据《中华人民共和国招标投标法》、现行国家标准《建设工程工程量清单计价规范》(GB 50500)和水运工程行业特点,组织制定的《水运工程工程量清单计价规范》(JTS 271—2008)于2009年1月1日正式实施。

《水运工程工程量清单计价规范》主要包括工程量清单编制、工程量清单计价、工程量清单及其计价格式等内容;明确规定了必须严格执行的强制性规定条文;要求水运工程工程量清单计价活动应遵循客观、公正、公平的原则。

《水运工程工程量清单计价规范》适用于港口工程、航道工程、修造船厂水工建筑物工程以及与之配套的水运建设工程的工程量清单编制和计价活动。

二、工程量清单

工程量清单是指表现拟建工程的分项工程项目、措施项目和其他项目的名称及相应数量的明细。工程量清单是招标文件的重要组成部分,必须由具有编制招标文件能力的招标人,或受其委托具有相应资质资格的单位进行编制。工程量清单由分项工程工程量清单、一般项目清单和计日工项目清单组成。

(一) 基本要求

(1)工程量清单中的计量单位应满足下列要求(除另有规定):
①按长度计算的项目以"米"计;
②按面积计算的项目以"平方米"或"平方千米"计;
③按体积计算的项目以"立方米"或"万立方米"计;
④按重量计算的项目以"千克"或"吨"计;
⑤按自然计量单位计算的项目以"个"、"根"、"件"、"台"、"套"、"组"等计;
⑥没有具体工程数量的项目以"项"计。

(2)工程量清单中的工程数量的有效位数除另有规定外,应符合下列规定:
①以米、平方米、平方千米、立方米、万立方米、千克、吨等为计量单位的,保留小数点后二位小数,第三位数字四舍五入。
②以个、根、件、台、套、组、项等为计量单位的,取整数。

(3)工程量清单中的项目名称可由一个主要项目与若干个相关项目名称组成。

(4)招标人应按《水运工程工程量清单计价规范》的规定编制工程量清单表,投标人应按《水运工程工程量清单计价规范》的规定填写工程量清单计价表。

(5)项目编码是指采用12位阿拉伯数字表示工程项目内容的数字代码,由左至右一、二位为水运工程行业码,三、四位为专业工程顺序码,五、六位为分类工程顺序码,七、八、九位为分项工程顺序码;十至十二位为特征项目顺序码。其中一至九位为统一编码。

《水运工程工程量清单计价规范》规定了11个分类工程(相当于分部工程):
①一般项目(编码为100100);
②疏浚工程项目(编码为100200);
③测量工程项目(编码为100300);
④导航助航设施工程项目(编码为100400);
⑤土石方工程项目(编码为100500);
⑥地基与基础工程项目(编码为100600);
⑦混凝土工程项目(编码为100700);
⑧钢筋工程项目(编码为100800);

⑨金属结构工程项目(编码为100900);

⑩设备安装工程项目(编码为101000);

⑪其他工程项目(编码为101100)。

在每个分类工程中可以分成若干种,例如,土石方工程项目分成了陆上开挖工程(编码为100501)、水下开挖或炸礁工程(编码为100502)、填筑工程(编码为100503)、砌筑工程(编码为100504)四种。在每种分类工程中可以分成若干分项工程,在每个分项工程中可以分成若干个工程子目。例如:某个项目编码"100702008001"表示的是水运工程行业码"10"、混凝土工程码"07"、现浇混凝土分类工程码"02"、箱形梁分项工程码"008"、箱形梁的特征顺序码"001"。特征顺序码的范围为(001~999),可以按照箱形梁的浇筑部位、构件规格、混凝土强度等级、运距等划分工程子目,按顺序编码。

(6)综合单价是指为完成工程量清单中一个质量合格的规定计量单位项目所需的直接费、间接费、利润和税金,并考虑风险因素的价格。

(7)暂列金额是指招标人为暂列项目和可能发生的合同变更而预留的费用。

(二)分项工程量清单

1. 分项工程量清单的编制依据包括下列内容:

(1)国家和行业有关招标投标的法律、法规和规章;

(2)招标文件;

(3)设计文件;

(4)《水运工程工程量清单计价规范》(JTS 271—2008)。

2. 分项工程量清单编制格式

分项工程量清单应根据《水运工程工程量清单计价规范》规定的统一格式编制。包括序号、项目编码、项目名称、计量单位、工程数量、项目特征等均应采用统一格式进行编制。当发生《水运工程工程量清单计价规范》未列项目时,编制人可作补充。

分项工程量清单的项目编码中的第十至十二位为000时,应仅作为表示同类分项工程量清单项目的编码;自001起应根据招标工程的工程量清单项目特征由其编制人设置,并应顺序编码。

分项工程量清单的项目名称应根据招标工程和《水运工程工程量清单计价规范》中的项目名称及工程内容、项目特征确定;工程内容应包括完成对应清单项目的全部可能发生的具体工作;项目特征应对工程项目的要求进行具体准确的描述;工程量的计算应按工程量计算规则计算,工程数量应以设计图纸净尺度为准。

分项工程量清单举例,疏浚工程项目清单如表3-1所示。

(三)一般项目清单

一般项目是指为完成工程项目施工,招标人要求计列的、不以图纸计算工程数量的费用项目,或发生于该工程施工准备和施工过程中招标人不要求列示工程数量的措施项目和其他项目。《水运工程工程量清单计价规范》规定的一般项目通常包括表3-2所示的项目。

疏浚工程项目清单(编码100200) 表3-1

项目编码	项目名称	计量单位	工程内容	项目特征
100200001000	港池挖泥	m^3	移船定位、测量、挖泥、运输、卸(吹)泥等	工程性质(基建或维护)、挖泥范围及尺度、工况级别、土质级别(各级土所占比重)、挖泥平均水深、泥层厚度、泥土处理方式(外抛或吹填)、运泥距离、排泥距离(包括水下、水上、陆上的排泥距离)、计算方法等
100200002000	航道挖泥	m^3	移船定位、测量、挖泥、运输、卸(吹)泥等	
100200003000	岸坡挖泥	m^3	移船定位、测量、挖泥、运输、卸(吹)泥等	
100200004000	沟槽挖泥	m^3	移船定位、测量、挖泥、运输、卸(吹)泥等	
100200005000	清淤	m^3	移船定位、卸(吹)泥等	工况、土类、水深、泥层厚度、排泥运距等
100200006000	吹填	m^3	靠离驳、挖泥、吹泥、安拆、移动排泥管等	吹填范围及尺度、工况级别、土质级别(各级土所占比重)、取砂区平均水深、运泥距离、排泥距离(包括水下、水上、陆上的排泥距离)、计算方法等

一般项目清单表 表3-2

项目编码	项目名称	计量单位	项目编码	项目名称	计量单位
100100101000	暂列金额	项	100100109000	临时用水	项
100100102000	规费	项	100100110000	临时通信	项
100100103000	保险费	项	100100111000	临时用地	项
100100104000	安全文明施工费	项	100100112000	临时码头	项
100100105000	施工环保费	项	100100113000	预制厂建设	项
100100106000	生产及生活房屋	项	100100114000	临时工作项目	项
100100107000	临时道路	项	100100115000	竣工文件编制	项
100100108000	临时用电	项	100100116000	施工措施项目	项

(四)计日工项目清单

计日工项目是为完成招标人临时提出的合同范围以外的零散工作,又不能以实物量计量支付工程费用的零星项目。计日工项目的计价按完成批准的计日工项目所需的人工、材料、船舶机械综合单价计算。计日工项目清单如表3-3所示。

计日工项目清单表 表3-3

序号	名称	规格(工种)	计量单位	数量
1	人工		工日	
2	材料			
3	船舶机械		艘(台)班	

三、工程量清单计价

实行工程量清单计价招标投标的水运工程,其招标标底和投标报价的编制、合同价款的确定与调整、工程价款的结算均应按《水运工程工程量清单计价规范》执行,工程量清单计价采用综合单价。工程量清单计价应包括按招标文件规定的分项工程量清单费用、一般项目清单费用、计日工项目清单费用等全部费用。一般项目清单的费用应根据招标文件的要求以及施工方案或施工组织设计，以项为单位计价；计日工项目清单费用，应由投标人按招标文件要求确定；工程量清单计价金额以人民币表示，单位为"元"，小数点后保留两位。

投标报价应根据招标文件中的工程量清单和有关要求、现场施工条件以及施工方案或施工组织设计，按照企业施工能力和技术水平进行编制。一般项目清单中的安全文明施工费应按国家有关部门的规定计价，不得作为竞争性费用。规费和税金应按国家有关部门的规定计算，不得作为竞争性费用。

工程量清单的合同结算工程量，除另有约定外，应按《水运工程工程量清单计价规范》和合同文件约定的有效工程量进行结算。在合同履行过程中，工程量或单价由于设计变更或工程量清单漏项等原因发生变化时，应按《水运工程工程量清单计价规范》规定和合同约定调整。

四、工程量清单及其计价格式

(一)工程量清单格式

《水运工程工程量清单计价规范》明确要求工程量清单应采用统一格式；工程量清单文件应由封面、总说明、工程量清单项目汇总表、分项工程量清单、一般项目清单、计日工项目清单和招标人供应材料设备表等内容组成。

1. 工程量清单总说明应包括下列内容

(1)招标工程概况，包括建设规模、工程特征、计划工期、施工现场和交通运输情况、自然地理条件、环境保护要求等；

(2)工程招标范围；

(3)工程量清单编制依据；

(4)工程质量、材料、施工等特殊要求；

(5)招标人自行采购材料的名称、规格、型号、数量等；

(6)其他需要说明的问题。

2. 分项工程量清单填写应满足下列要求

(1)项目编码按《水运工程工程量清单计价规范》的规定填写。特征项目码十至十二位由编制人自001起顺序编码；

(2)项目名称根据《水运工程工程量清单计价规范》的项目编码名称确定，结合工程实际情况设置特征项目名称；

(3)计量单位的选用和工程量的计算按《水运工程工程量清单计价规范》的规定执行；

3. 一般项目清单应按招标文件确定的一般项目名称填写。凡能列出工程数量并按单价结算的，均应列入分项工程量清单。

4. 计日工项目清单填写应满足下列要求

(1)人工按工种、材料和船舶机械按名称和规格型号分别填写；

(2)选择计量单位时,人工以工日、材料以常用计量单位、船舶机械以艘班或台班分别填写。

5. 招标人供应材料设备表应填写材料设备名称、规格型号、计量单位、数量、单价和交货地点,并应在备注栏内说明材料设备供应的其他条件。

6. 工程量清单的标准表式如表3-4~表3-10所示。

工程量清单封面　　　　　　　　　　　　　　　　表3-4
（表A.0.1）

```
_____工程

            工程量清单
    招标人_____（单位盖章）

  法定代表人
  或授权代理人_____（签字盖章）

    编制单位_____（单位盖章）

  水运工程造价人员
  及资格证书编号_____（签字盖章）

    编制时间_____
```

工程量清单总说明　　　　　　　　　　　　　　　表3-5
（表A.0.2）

总说明

工程名称：　　　　　　　　　　　　　　　　　　　　　第　页　共　页

工程量清单项目汇总表

表 3-6
（表 A.0.3）

工程量清单项目汇总表

工程名称：　　　　　　　　　　　　　　　　　　　　　　　　　　　　　第　页 共　页

序　号	项目名称	备　注
一	一般项目	
二	单位工程	
（一）	……	
（二）	……	
……	……	
三	计日工项目	

工程量清单分项工程量清单表

表 3-7
（表 A.0.4）

分项工程量清单

工程名称：　　　　　　　　　　　　　　　　　　　　　　　　　　　　　第　页 共　页

序号	项目编码	项目名称	计量单位	工程数量	项目特征
1					
2					
…					
…					
…					

工程量清单一般项目清单表

表 3-8
（表 A.0.5）

一般项目清单

工程名称：　　　　　　　　　　　　　　　　　　　　　　　　　　　　　第　页 共　页

序　号	项目编码	项目名称

工程量清单计日工项目清单表

表 3-9
(表 A.0.6)

计日工项目清单

工程名称：   第 页 共 页

序 号	名 称	规格(工种)	计量单位	数 量
1	人工		工日	
2	材料			
3	船舶机械		艘(台)班	

工程量清单招标人供应材料设备表

表 3-10
(表 A.0.7)

招标人供应材料设备表

工程名称：   第 页 共 页

序号	名称	规格型号	单位	数量	单价	交货地点	备注

(二) 工程量清单计价格式

《水运工程工程量清单计价规范》规定工程量清单计价应采用统一格式。工程量清单报价文件应由封面、工程量清单项目总价表、分项工程量清单计价表、一般项目清单计价表、计日工项目清单计价表、分项工程量清单综合单价汇总表、综合单价分析表和主要材料价格表等组成。

1. 工程量清单报价表的填写应符合下列规定：

(1) 投标人不得随意增加、删除或涂改招标人提供的工程量清单中的任何内容；

(2) 工程量清单报价表中所有要求盖章、签字的地方，必须由规定的单位和人员盖章、签字；

(3) 投标总价应按工程量清单项目总价表中"合计"栏金额填写；

(4) 工程量清单项目总价表应按分项工程量清单计价表中相应项目合计金额填写。

2. 分项工程量清单计价表填写应满足下列要求：

(1) 表中的序号、项目编码、项目名称、计量单位、工程数量按招标人提供的分项工程量清单中的相应内容填写；

(2) 投标人填写表中列明的所有需要填写的单价和合价，未填写单价和合价的视为此项费用已包含在工程量清单的其他单价和合价中；

(3)分项工程量清单综合单价汇总表所列项目填写的项目名称、单价应与分项工程量清单计价表中的项目名称、单价一致;

(4)分项工程量清单综合单价分析表应按招标文件要求填写单价组成。

3.一般项目清单计价表中的序号、项目名称应按招标人提供的一般项目清单中相应内容填写,并应填写相应项目的金额和合计金额。

4.计日工项目计价表中的序号、人工、材料、船舶机械的名称、规格型号以及计量单位应按招标人提供的计日工项目清单中相应内容填写,并应填写相应项目的单价及合价。

5.工程量清单计价表的标准表式如表3-11~表3-18所示。

工程量清单报价表封面　　　　　　　　　　　表3-11
（表B.0.1）

```
_____工程

        工程量清单报价表

  投标人_____（单位盖章）

  法定代表人
  或授权代理人_____（签字盖章）

  水运工程造价人员
  及资格证书编号_____（签字盖章）

  编制时间
```

工程量清单项目总价表　　　　　　　　　　　表3-12
（表B.0.2）

工程量清单项目总价表

工程名称：　　　　　　　　　　　　　　　　　　　　第　页　共　页

序　号	项　目　名　称	金额(元)
一	一般项目	
二	单位工程	
(一)	……	
(二)	……	
……		
三	计日工项目	
	合计	

投标单位_____（盖章）
法定代表人或授权代理人_____（签字盖章）

分项工程量清单计价表

表 3-13
（表 B.0.3）

分项工程量清单计价表

工程名称：　　　　　　　　　　　　　　　　　　　　　　　　　　第　页　共　页

序　号	项目编码	项目名称	计量单位	工程数量	金额(元)	
					综合单价	合价
1						
2						
…						
…						
…						
	合计					

一般项目清单计价表

表 3-14
（表 B.0.4）

一般项目清单计价表

工程名称：　　　　　　　　　　　　　　　　　　　　　　　　　　第　页　共　页

序　号	项目编码	项目名称	金额(元)
合计			

计日工项目清单计价表

表 3-15
（表 B.0.5）

计日工项目清单计价表

工程名称：　　　　　　　　　　　　　　　　　　　　　　　　　　第　页　共　页

序　号	名　称	规格(工种)	计量单位	数　量	金额(元)	
					综合单价	合价
1	人工		工日			
			小计			
2	材料					
			小计			
3	船舶机械		艘(台)班			
			小计			
4			小计			

分项工程量清单综合单价汇总表

表 3-16
（表 B.0.6）

工程名称：　　　　　　　　　　　　　　　　　　　　　　　　　第　页　共　页

序号	项目编码	项目名称	计量单位	工程数量	综合单价	合价	其中					
							人工费	材料费	船机费	间接费	利润	税金
1												
2												
...												
合计												

综合单价分析表

表 3-17
（表 B.0.7）

清单项目编码：
清单项目名称：　　　　　　　　　　　　　　　　　　　　　　　　第　页　共　页

序　号	名　称	型号规格	计量单位	数　量	单　价	合　价
1	直接费	—	—	—	—	
1.1	人工费					
1.2	材料费	—				
1.2.1	……					
...	……					
1.3	船机费	—	—	—	—	
1.3.1	……					
...	……					
2	间接费	—				
3	利润	—				
4	税金	—				
5	合计					
6	单价	—				

主要材料设备价格表

表 3-18
(表 B.0.8)

工程名称：　　　　　　　　　　　　　　　　　　　　　　　　　　　第　页 共　页

序　号	名　　称	规格型号	单　位	单价(元)	数　量	交货地点	备　注
一	招标人供应							
…	……						
二	投标人采购							
…	……						

五、强制性条款

《水运工程工程量清单计价规范》明确规定了强制性条款,要求在执行规范的过程中必须严格执行。强制性条款见表 3-19。

水运工程工程量清单计价规范规定的强制性条款表　　　　　　　　表 3-19

序　号	条款编号	强制性条款内容
1	3.2.2	分项工程量清单应采用统一格式,并应包括序号、项目编码、项目名称、计量单位、工程数量、项目特征等
2	3.2.3	分项工程量清单应根据附录 C 中规定的统一项目编码、项目名称、计量单位进行编制
3	3.2.4	分项工程量清单的项目编码中的第十至十二位为 000 时,应仅作为表示同类分项工程量清单项目的编码;自 001 起应根据招标工程的工程量清单项目特征由其编制人设置,并应顺序编码
4	3.2.7	分项工程量清单的项目名称应根据招标工程和附录 C 中的项目名称及工程内容、项目特征确定
5	3.2.8	工程量的计算应按附录 D 中的工程量计算规则执行,工程数量应以设计图纸净尺度为准
6	4.0.4	工程量清单计价应采用综合单价
7	4.0.8	一般项目清单中的安全文明施工费应按国家有关部门的规定计价,不得作为竞争性费用
8	4.0.9	规费和税金应按国家有关部门的规定计算,不得作为竞争性费用

第三节　招投标阶段的费用控制

一、工程承包合同类型

水运工程施工承包合同是发包人和承包人为完成约定的水运工程施工任务而明确双方权利、义务关系的协议。水运工程施工承包合同可采用交通运输部颁发的统一合同范本,合同条件规定:有关的设计变更文件、洽商记录、会议纪要以及资料、图表等,也是承包合同文件的组成部分。

水运工程施工承包合同根据合同计价方式不同,一般可划分为总价合同和单价合同两种类型。

1. 总价合同

在总价合同中,发包人支付给承包人的款项是一个"规定的金额"(即总价)。总价合同的主要特征:一是根据承包人完成工程项目全部工作内容的投标总价确定合同总价;二是待实施工程的性质和工程数量应事先在招标文件中明确规定。总价合同一般为固定工程量总价合同。它是指由发包人或其他咨询单位将发包工程按图纸和规定、规范分解成若干分项工程,并明确各分项工程的工程量,由投标人依据招标文件测算的投标报价作为分项工程单价,然后将分项工程单价与分项工程量相乘得出分项工程总价,再将各个分项工程总价相加得出合同总价。

在固定工程量总价合同的执行中,承包人不需测算工程量,只需计算在实际施工中工程量的变更。因此,只要实际工程量变动不大,这种形式的合同较易于管理。例如,船闸的门、机、电工程可以分为三个单独的工程项目进行招标,签订总价承包合同。

总价合同的缺点是:由于为了划分和计算分部、分项工程量将会占用很多时间,从而也就延长了设计周期,拖长了招标的准备时间。总价合同按其是否可以调整合同价又可分为以下两种不同形式:

(1)不可调价总价合同。这种合同的价格计算是以图纸及规定、规范为基础,经招投标(或其他方式)确定一个固定的总价,由承包人一笔包死,不能变化。

采用这种合同,合同总价只有在设计和工程范围变更的情况下才能随之作相应的变更,除此之外,合同总价是不能变动的。这就意味着承包人要承担实物工程量、工程单价、地质条件、气候和其他一切客观因素变化造成亏损的风险。在合同执行过程中,合同双方均不能因为工程量、设备、材料价格、工资等变动和地质条件恶劣、气候恶劣等理由,提出对合同总价调整的要求,因此,承包人要在投标时对一切费用的上涨因素都要作出估计,并包含在投标报价之中。又因为承包人有可能为许多不可预见的因素付出代价,所以承包人往往会加大不可预见费用,致使这种合同的报价较高。这是不利于降低工程造价的因素之一。

这种形式的合同适用于工期较短(一般不超过一年),对最终产品的要求又非常明确的工程项目,这就要求项目的内涵清楚,项目设计图纸完整齐全,项目工作范围及工程量计算准确。

(2)可调价总价合同。这种合同的总价一般也是以图纸及规定、规范为计算基础,但它是按"时价"进行计算的,这是一种相对固定的价格。在合同执行过程中,由于通货膨胀而使所有的工料成本增加,因而对合同总价进行相应的调整。可调总价合同均明确列出有关调价的特定条款,往往是在合同的专用条款中列明。调价工作必须按照这些特定的调价条款进行。

这种合同与不可调价总价合同不同之处在于:它对合同实施中出现的风险作了分摊,发包人承担了通货膨胀和其他不可预测因素的风险,而承包人只承担了实施中实物工程量、成本和工期等因素的风险。

在人力不可抗拒的各种自然灾害、国家统一调整价格、设计有重大修改等情况出现时,均可对合同总价进行调整。

可调价总价合同适用于工程内容和技术经济指标规定明确的项目,由于合同中列明调价条款,所以工期在一年以上的项目较适于采用这种合同形式。但在实践中,合同标的物往往包括确定工程量部分和不确定工程量部分,因此,对于在工程的实施中出现工程量变更问题,一般情况下,签订合同时都写进特别条款,即规定工程量变化导致总价变更的极限(占合同价的5%~20%),超过这个极限,就必须签订附加合同作为总价合同的补充。

2. 单价合同

在施工图不完整或发包的工程项目内容、技术经济指标一时尚不能明确、工期又较长时,往往可采用单价合同形式。这样在无法精确地计算工程量的情况下,可以避免发包人或承包人中任何一方承担过大的风险。工程单价合同可细分为以下两种不同形式:

(1)工程量单价合同。这种合同是以工程量和工程单价为基础来计算合同价格的。通常是由发包人委托设计单位或监理人提出工程量估算表,即"工程量清单表",列出分部分项工程量,由投标人以此为基础填报单价(投标报价)。工程的总价应按照实际完成的工程量计算。先用实际完成的分项工程量乘以分项工程单价计算得到分项工程总价,最后累计分项工程总价得出总工程结算的总价。

采用这种合同时,要求实际完成的工作量与原估计的工程量不能有实质性的变更。因为承包人给出的单价是以相应的工程量为基础的,如果工程量大幅度增减可能影响工程成本。

当实际工程量与报价表中的工程量相差超过一定值时,允许承包人调整单价。此外,也有些固定单价合同,当材料价格变动较大时,允许承包人按合同条款调整单价。这种合同一般适用于工程性质比较清楚,但工程量不能完全确定的情况。

采用这种合同时,工程量是统一计算出来的,承包人只要经过复核并填上适当的单价(报价)就可以了,承担风险较小;发包人也只要审核单价是否合理即可,对双方都方便。目前国际国内采用这种合同形式的比较多。

(2)纯单价合同。采用这种形式合同时,招标人只向投标人给出招标工程的有关分部分项工程以及工程范围,不需要对工程量作任何规定。投标人在投标时只需要对这种给定范围的分部分项工程作出报价即可,而工程量则按实际完成的数量结算。这种合同形式主要适用于没有施工图,工程量不明,却急需开工的紧迫工程。当然,对于工程单价合同来说,招标人必须对工程内容的划分做出明确的规定,以使投标人能够合理地定价。

二、投标报价

监理人为了做好费用监理工作,了解招标工程费用监理的重点、难点和进一步明确费用监理目标,也必须对投标人的报价单作全面分析。就单价合同而言,报价单就是由投标人对各工程项目填写上投标报价的工程量清单,即有标价的工程量清单。对投标人来说填写报价单是一项十分复杂的工作,必须完成大量的基础性工作。整个投标报价过程的主要工作内容有以下几个方面。

(一)分析招标文件

1. 招标文件的组成

(1)招标公告(或投标邀请书);

(2)投标人须知;

(3)评标办法;

(4)合同条款及格式;

(5)工程量清单;

(6)图纸;

(7)技术标准和要求;

(8)投标文件格式;

(9)投标人须知前附表规定的其他材料。

根据有关规定,对招标文件所作的澄清、修改都构成招标文件的组成部分。

2. 分析合同条件对投标报价的影响

(1)工期。包括对开工日期的规定、施工期限以及是否有分段、分批竣工的要求(特别是疏浚工程)。工期对制订施工计划、施工方案、施工机械、施工船舶和人员配备均是重要依据。

(2)误期损害赔偿费的有关规定。这对施工计划安排和拖期的风险大小有影响。

(3)缺陷责任期的有关规定。这对何时可收回工程"尾款"、承包人的资金利息和保函费用计算有影响。

(4)保函的要求。保函包括履约保函、预付款保函、临时进口施工机具税收保函以及维修期保函等。保函数值的要求和有效期的规定,允许开保函的银行限制,这与投标者计算保函手续费和用于银行开保函所占用的抵押金有重要关系。

(5)保险。明确是否指定了保险公司、保险的种类(例如工程一切保险、第三方责任保险、现场人员的人身事故和医疗保险、社会保险等)和最低保险金额,这将影响保险费用的计算。

(6)付款条件。明确是否有预付款、如何扣回,材料设备达到现场并检验合格后是否可以获得部分材料设备预付款,是否按订货、到工地等分阶段付款。分阶段进度付款方法,包括付款比例、质量保证金最高限额、退回的时间和方法,拖延付款的利息支付等,每次阶段付款有无最小金额限制,发包人付款的时间限制等,这些是影响承包人计算流动资金及其利息的重要因素。

(7)税收。明确是否免税或部分免税,可免何种税收,可否临时进口机具设备而不收海关关税,这些将影响材料设备的价格计算。

(8)货币。明确支付和结算的货币规定,外汇兑换和汇款的规定,向国外订购的材料设备需用外汇的申请和支付办法。

(9)劳务国籍的限制。这对计算劳务成本有用。

(10)战争和自然灾害等人力不可抗拒因素造成损害的补偿办法和规定,中途停工的处理办法和补救措施等。

(11)有无提前竣工的奖励。

(12)争议、仲裁或诉诸法律等的规定。

以上各项有关要求,在世界银行贷款项目招标文件中,有的在"投标人须知"中作出说明和规定,在某些招标文件中,这些要求放在"合同条件"第二部分中具体规定。

3. 分析工程量清单对报价的影响

(1)分析工程清单表的编制体系和方法。是否将施工、勘察(放样)、临时工程、机具设备、进场道路、临时水电设施等列入工程量表的一般项目。对于单价合同方式特别要认真研究工程量的分类方法。

(2)分析每个分项工程或工程细目的具体含义和内容。投标报价要按照工程量清单中开列的项目及对每个项目工作内容的说明进行,任何疏忽都将造成失误。对每个工程量清单子目的特征描述应该进行认真研究,所罗列的工作内容一定要包含在报价之中,否则将成为漏项。如有不明之处,则可在招标答疑会上向招标人提出澄清要求。

4. 分析工程技术标准和要求中对报价的影响

(1)注意对施工技术、材料等的特殊要求。通过分析研究技术标准和要求了解有无特殊施工技术要求和有无特殊材料设备技术要求,及有关选择代用材料、设备的规定,以便针对相应的定额,计算有特殊要求项目的价格。

(2)研究永久性工程之外的项目有何报价要求。例如,对旧建筑物和构筑物的拆除、监理人的现场办公室和各项开支(包括他们使用的家具、车辆、水电、试验仪器、服务设施和杂物费用等)、模型、广告、工程照片和会议费用等,招标文件有何具体规定,以便考虑如何将之列入工程总价中去。弄清一切费用纳入工程总报价的方法,不得有任何遗漏或归类的错误。

(3)分析发包人对指定分包的要求。对某些部位的工程或设备提供,是否必须由发包人确定"指定的分包人"进行分包。招标文件规定总包对分包人应提供何种条件,承担何种责任,以及招标文件是否规定分包人计价方法。

5. 分析研究承包人可能承担的风险

认真研究招标文件中对承包人不利的、需要承担很大风险的各种规定和条款。例如有些合同中,发包人有这样一个条款——"承包人不得以任何理由索取合同价格以外的补偿",那么承包人就得考虑加大风险费用支出。例如:价格调整风险,对于材料、设备和人员工资在施工期间内涨价及当地货币贬值有无补偿,当水运工程有关概预算定额等作政策性调整时,对未完项目内容是否可以调整合同价格。

(二)进行现场调查

工程现场调查是招标文件研究的补充,因此,在到工地调查之前必须对招标文件进行认真细致的研究,并列出需要在工程现场重点进行调查的项目。就水运工程项目而言,现场调查应弄清以下问题:

(1)地形、地貌对工程施工的影响;

(2)气象、水文、泥沙及河床变形情况(临时水尺的设置条件等);

(3)施工船舶调遣线路的航道情况;

(4)当地天然材料的分布、开采供应、运输方式、价格等情况;

(5)进入工地的交通或施工水域的通航等情况;

(6)承包人工地办公室的建点条件;

(7)其他与施工及费用有关事项(如地方法规、水资源保护、工农业用水用电、渔业资源等);

(8)对现场使用条件的限制。

(三)核算工程量

投标人应对工程量进行核算,这不仅是计算投标价格的需要,而且也为今后在施工过程中核定每个工程子项目的付款打下基础。

在核算工程量时,应当结合招标文件中的技术标准、设计图纸和设计说明书等与工程量计算规则等资料,搞清楚工程量清单中每一项细目的具体内容,以免出现遗漏和计算错误。

(四)制订进度计划和施工方案

投标时工程进度计划和施工方案将是评标专家评价投标人是否采取合理和有效的措施,保证按工期、质量要求完成工程的一个重要依据。另外对投标人自己也是十分重要的,这是因为施工方案的优选和进度计划的合理安排与工程报价有着密切的关系。编制一个好的工程进度计划和施工方案可以大大降低标价,提高竞争力。因此,制订工程计划进度和施工方案的原则是在保证工程质量和工期的前提下,尽可能使工程成本最低,投标价格合理。在这个原则下应根据现场施工条件、工期要求、机械设备来源、劳动力来源等,综合考虑各种因素,选择最佳方案。

(五)计算投标价格

1. 一般项目投标价格

根据《水运工程工程量清单计价规范》的规定,招标文件中确定的一般项目主要有:暂列金额、规费、保险费、安全文明施工费、施工环保费、生产及生活房屋、临时道路、临时用水、临时通信、临时用地、临时码头、预制厂建设、临时工作项目、竣工文件编制、临时用电、施工措施项目等16个项目。其中暂列金额、规费、保险费、安全文明施工费、施工环保费是不可竞争费用,必须按照招标文件的规定和有关定额的规定取费确定;其他项目必须根据招标文件的要求、工程现场实际情况和投标人具体情况确定。生产及生活房屋项目应该包括施工方案中需要的施工人员数量、临时住房(办公)用房、施工(含仓库、机械维修)用房和管理用房等,并按简易标准计算费用;临时道路、临时用水、临时通信、临时用地、临时码头、临时用电、预制厂建设等临时设施费必须根据招标文件的要求、工程现场实际情况、投标人的施工组织设计和投标人的实际施工经验,参照相关定额进行费用计算;临时工作项目应该根据招标文件的具体要求计算费用,要具体分析招标人规定了哪些临时工作项目需要承包人来完成;竣工文件编制的费用可以按照投标人的具体情况来计算;施工措施项目费用必须按照投标人的施工方案、施工工艺等施工措施(包括质量措施、安全措施、环保措施、进度措施等)来计算费用。上述一般项目的费用往往都是以单项总价包干使用,漏项、缺项的风险往往是有承包人承担。

2. 分项工程投标价格

根据《水运工程工程量清单计价规范》的规定,分项工程量清单计价采用综合单价。综合单价包含有人工费、材料费、船机费、间接费、利润、税金。人工费可以用单位工程的用工量(以工日计)×工日基础价格计算;材料费可以用单位工程的材料消耗量(不同材料用不同计量单位)×材料基础价格计算;施工船舶、机具使用费可以将工程施工中使用的船机设备、工具及动力消耗定额和单价计算,然后按不同类别的分项工程分别摊销;间接费可以按投标人的实际管理成本和其他间接费进行测算,然后分别摊入每一项工程细目的单价;利润是指预期税前利润,根据不同工程情况和竞争激烈程度等,在报价前确定预期利润率,计入每个分项工程的单价中。

从以上分析可以看出,对综合单价有着重大影响的因素是三个方面:基础价格(包括工日、材料、设备等)、工程定额(包括材料消耗定额、工日消耗定额和施工机械台班定额)和各种摊入费用。

3. 确定基础价格

(1)工日基价。工日基价是指工人每个工作日的平均工资。如果整个工程是雇用当地工人,只需按当地建筑工人的月工资,适当加入应由雇用人支付的各类法定津贴、招募开支等,并分摊到每个月,再除以每月平均工作天数,即为工日基价。

(2)材料设备的基价。为了便于进行工程投标的计算,应当以材料设备到达施工现场的价格作为基础价格。

(3)施工船舶、机械使用费基价。通常情况(除非招标文件有明确规定外)不单独设列施工船舶、机械使用费用栏目。施工船机费包括船、机的固定资产折旧费(或者租赁费)、调遣费、修理(保养)费、燃油费、人工费等等,投标时,投标人应当按照本企业的具体情况决定,将费用分摊到有关分项工程单价中去。

4. 工程定额的确定

工程定额(生产定额)反映投标人企业施工生产的效率和管理水平,也是决定报价水平的重要因素。然而,究竟怎样选择工程定额,是一个很难抉择的问题。如果定额水平太低,报价肯定会提高,则可能使报价完全失去竞争力;如果定额水平太高,虽然报价可以降下来,但在实施过程中达不到这个定额要求时可能会出现亏损。因此,如何选择比较合适的工程定额,影响因素很多,其中主要有如下几个方面:一是施工人员的技术水平和管理水平;二是施工中各方面的协调配合;三是材料和半成品的加工性和装备性;四是自然条件对施工的影响等。

5. 间接费(摊入费用)

在综合单价中除了人工费、材料费、船机费、利润、税金之外,还有一些费用就只能以间接费的名义列入。也把它称作摊入费用。通常摊入综合单价的分摊费用有初期费用(现场勘察费、投标费用、其他前期费用)、现场管理费用(管理人员费、职工交通费、现场检验试验费、行政办公费、竣工清理费用)和其他待摊费用(包括投标保函、履约保函、预付款保函和维修保函等保函手续费,流动资金利息、上级机构管理费、风险因素等其他杂项费用)三种。

三、招标期间的费用控制

招标期间费用控制的中心任务之一是选择一个比较理想的承包人作为完成工程项目的合作伙伴。为此从费用控制的角度出发,监理人可以在发包人的委托下协助发包人做好以下工作:

(一)审查投标人的资格

1. 对投标人进行资格审查的意义

在公开招标中,对同一个项目常常会有众多的施工企业参加投标,在这众多的施工企业中,排除投标报价高低的因素,就其综合实力和综合素质总可以把他们定性地区分出相对较好和相对较差的两类施工企业,监理人可根据招标投标法(或地方招投标办法)的规定协助发包人确定一定数量的、综合实力(素质)相对较好的施工企业作为投标人参加项目的投标。这样做具有以下意义:

(1)不漏掉最优秀的投标人。如果不对投标人进行资格审查,让众多作出响应的施工企业都来投标,那么那些综合实力(素质)相对较差的企业为取得竞争优势,就只能在投标报价上做文章——超常规地把报价压低,采取所谓"低标价、高索赔"的战略,击败竞争对手,使优秀企业的正常报价失去竞争力。因此,在招标前期有必要进行潜在投标人的资格审查,首先将不具备相应资质和能力的施工企业筛选掉,让那些具有资质和能力的、综合实力较强的施工企业作为投标人来进行竞标。经筛选后参加竞标的投标人都应该有能力(实力)、有资质、能按招标文件的要求完成工程项目的施工任务。

(2)减少评标工作量。参加投标的投标人越多,则评标工作量越多,反之则越少。

2. 对投标人进行资格审查的内容

在投标前对招标响应者的筛选就是对潜在投标人的初审,审查的主要内容一般包括以下几个方面:

(1)生产能力。生产能力是施工质量、施工进度和工程费用目标控制的物质基础,主要由技术水平、专业水平和科研水平来体现。

①技术水平。主要是指生产要素的水平,包括拟投入工程施工的工程技术人员的数量、素质、经验及其组织、构成和配套情况,以及为这些人配备的技术手段、工具,拟投入工程施工的机械设备能力及配套情况。

②专业水平。主要指专业要求的特殊能力。水运工程往往都有特殊的专业要求,具有特殊的施工机具,如高桩码头的打桩、船闸闸(阀)门及其启闭机械的制作与安装,疏浚工程的挖泥机具等。也包括工程技术人员的专业水平。

③科研水平。对于大型工程和设计复杂的项目,还要考虑潜在投标人是否具有消化、吸收、试验、使用新工艺、新材料、新技术等先进科技成果的能力。

(2)人力资源。考查拟投入招标工程施工一线人员的数量、素质、经验、构成和来源等,主要是调查潜在投标人基本队伍的素质和构成情况。

(3)管理能力。施工企业改制后,企业内部管理常常采用项目经理负责制。项目经理(负责人)在项目管理方面具有全方位的自主权,真正实现了责权利的统一,应该说对提高工程建设的施工管理水平是有益的。因此,在考虑潜在投标人的管理能力时,应注重考查拟派项目经理的管理能力等综合素质,可通过对该项目经理以前(近期)完成工程的情况来验证。

(4)项目经理综合素质。越来越多的工程实践证明,工程项目的三大控制目标实现得好不好,是由发包人、承包人和工程监理三者的综合素质及其协作关系所决定的。其中承包人(项目经理)的综合素质起着决定性的作用,因此,对项目经理综合素质的考查是选择优秀承包人的关键工作之一。

对项目经理综合素质的考查可考察以下几方面:
①项目经理的学历、资历、项目经理级别;
②项目经理的质量意识、质量管理活动开展情况以及已承建(包括在建和完工)工程项目的质量情况等;
③项目经理在重合同、守信誉方面的特点,在已完成工程中和发包人、监理人的配合情况,合同的履行情况等;
④项目经理解决工程中质量难题的能力,以及应付非常情况的能力;
⑤项目经理的组织、管理、协调能力。

(5)周转资金情况。潜在投标人企图依靠工程预付款和中期支付来维持工程正常施工是不可能的,发包人提供的工程预付款和中期支付款项只能解决承包人所需流动资金的一部分,无法满足工程施工正常进行对流动资金的全部要求。因此,应对投标人流动资金的保证程度作考察,重点了解以下几个方面:
①是否有一定量的自有资金或有可靠的资金来源;
②是否同时承包若干工程施工,资金周转情况如何;
③是否具备银行短期信贷条件;
④出现意外事件或事故时,潜在投标人有无破产可能。

(二)审查投标人的报价

对投标人报价的审查,主要是衡量其报价的合理性。衡量标准可从以下几方面来考虑:

1. 单价是否合理

若各分项工程单价虽呈不平衡状态,但经全面分析考虑,仍在合理的范围内,其中主要工程项目或对总价影响较大的项目报价基本合理,并可接受时,可以认为所报单价是合理的。投标人在计算分项工程单价时,一方面要计算完成分项工程全部内容(包括所含的工作内容)的费用成本,另一方面要把各种摊销费用分摊到每一个项目单价中去。摊销费用的分摊方法,原则上应根据工程性质、费用成本均衡分摊到每个项目中,但投标人为考虑自己的利益,往往会采用"不平衡"报价。

不平衡报价法是指一个工程项目总报价基本确定后,通过调整内部各个项目的报价,以既不提高总报价、不影响中标,又能在结算时得到更理想的经济效益。采用不平衡报价的处理方法有以下几种:

第一是对能够早日结账收款的项目可适当提高其综合单价。

第二是预计今后工程量会增加的项目,单价适当提高;将工程量可能减少的项目单价降低。

第三是对设计图纸不明确、估计修改后工程量要增加的,可以提高单价;而工程内容解说不清楚的,则可适当降低一些单价,待澄清后可再要求提价。

当然采用"不平衡"报价时,也应控制在一个合理的范围内(一般情况不超过±10%)。对超过常规的合理范围(如最低报价已低于一般情况下的成本水平),可以要求投标人提供指定分项工程单价的说明,考察其报价的合理性。

2. 总价是否合理

若干投标人的投标报价通常是各不相同的,审查时首先特别注意最低报价的投标人的情况,看是否会给工程实施留下隐患;其次是分析总价中各分项单价的构成比例是否合理,有些项目明显高于其他投标人报价,有些项目单价又明显低于其他投标人报价,此时,虽然总价具有竞争性,但仍应查询单价构成比例不合理的原因。

3. 评价不平衡报价的案例分析

某承包人对某办公楼建筑工程进行投标(安装工程由业主另行通知招标),为了既不影响中标,又能在中标后取得较好的效益,承包人采用不平衡报价法对原估价作出适当调整,具体数字见表3-20所示。

某办公楼建筑工程不平衡报价表(单位:万元)　　　　表3-20

调整情况	桩基围护工程	主体结构工程	装饰工程	总　　价
调整前(投标估价)	2 680	8 100	7 600	18 380
调整后(正式报价)	2 600	8 900	6 880	18 380

已知桩基围护工程、主体结构工程、装饰工程的工期分别为5个月、12个月、8个月,贷款年利率为12%,并假设各分部工程每月完成的工作量相同,且能按月度及时收到工程款(不考虑工程款结算所需要的时间)。

问:(1)该承包人所运用的不平衡报价法是否恰当?为什么?

(2)采用不平衡报价后,该承包人所得工程款的现值会比原估价情况增加多少(以开工日期为折算点)?

解答(1):该承包人所运用的不平衡报价法是恰当的。因为该承包人是将属于前期工程的桩基围护工程和主体结构工程的单价调高,而将属于后期工程的装饰工程单价调低,可以在施工的早期阶段收到较多的工程款,从而可以提高承包人所得工程款的现值;而且这3类工程单价的调整幅度均在±10%以内,属于合理范围。

解答(2):首先计算单价调整前的工程款现值。

桩基围护工程每月工程款:$A = 2\ 680/5 = 536$(万元);主体结构工程每月工程款:$B = 8\ 100/12 = 675$(万元);装饰工程每月工程款:$C = 7\ 600/9 = 950$(万元),则单价调整前的工程款现值为:

$PV_1 = A(P/A,12\%,5) + B(P/A,12\%,12)(P/F,12\%,5) + C(P/A,12\%,8)(P/F,12\%,17)$

$= 536 \times 4.853 + 675 \times 11.255 \times 0.951 + 950 \times 7.652 \times 0.844$

$= 2\ 601.208 + 7\ 224.866 + 6\ 135.374$

$= 1\ 5961.45$(万元)

其次计算单价调整后的工程款现值。桩基围护工程每月工程款 $A = 2\,600/5 = 520$(万元);主体结构工程每月工程款 $B = 8\,900/12 = 741.67$(万元);装饰工程每月工程款 $C = 6\,880/8 = 860$(万元),则单价调整前的工程款现值:

$$\begin{aligned}
\text{PV}_2 &= A(P/A,12\%,5) + B(P/A,12\%,12)(P/F,12\%,5) + C(P/A,12\%,8)(P/F,12\%,17) \\
&= 520 \times 4.853 + 741.67 \times 11.255 \times 0.951 + 860 \times 7.652 \times 0.844 \\
&= 2\,523.56 + 7\,983.468 + 5\,554.128 \\
&= 1\,6016.16(\text{万元})
\end{aligned}$$

最后计算两者的差额:

$$\text{PV}_1 - \text{PV}_2 = 16\,016.16 - 15\,961.45 = 54.71(\text{万元})$$

因此,采用不平衡报价后,该承包人所得工程款的现值比原估价增加了54.71万元。

不平衡报价是投标人惯用的手法,在审查时,应该审查清楚哪些项目和哪些费用采用了不平衡报价,不平衡报价的幅度是多少,对超过规定幅度的不平衡报价项目和费用必须进行适当调整,控制在规定的幅度以内。

(三)招标程序和评标方法

根据招标投标法的规定,招标分为公开招标和邀请招标两种。公开招标是指招标人以招标公告的方式邀请不特定的法人或者其他组织投标;邀请招标是指招标人以投标邀请书的方式邀请特定的法人或者其他组织投标。

评标程序一般分成初步评审和详细评审两个阶段。评标过程一般应经过审阅标书、统计分析、质询澄清、全面评定四个步骤。

1. 审阅标书

对大型水运工程项目,在评标委员会下可再设置若干个专业评审工作小组,由评标委员会统一领导,分组详细审阅投标人的投标文件,形成初步意见。审阅投标文件时应抓住的主要内容有:

(1)投标文件的完整性。投标文件内容是否齐全、有无错项漏项,是否按招标文件的要求(统一格式)编写,文字表述是否清楚等。

(2)资质与信誉情况。投标人的资质等级、项目经理的等级及其已完成工程的获奖情况,投标人获奖、资信登记等情况;投标文件与招标文件要求的符合性,投标人是否提出了招标人无法接受的条件等等。

(3)投标报价。这是费用控制最关心的问题。投标人所报总价与标底的差异,单价是否合理,有无遗漏,不平衡报价情况,有无潜在的索赔因素等。

(4)施工进度。施工进度计划是否合理、可行,有无盲目满足发包人关于工期要求而任意压缩工期的情况,施工工艺是否合理,人力、财力、船机的计划能否满足施工进度要求,材料供应计划能否满足施工强度要求。

(5)工程质量。施工工艺的先进性,施工质量保证措施的可靠度,投标人积极推行质量保证体系的情况,是否通过(ISO 9000标准)质量体系认证,确保施工质量的岗位责任制如何建立,有无反映主管施工质量技术负责人水平和经验的材料,可靠性如何等。

(6)主材用量。按招标文件要求对主要材料用量进行分析,如果是甲方供应材料更应认真审阅分析。

2. 统计分析

根据招标文件的要求和评标标准,对标书的内容以图表的方式进行认真的统计分析;待澄清的问题,由全体评委们集体讨论提出,带到澄清会议上咨询。从费用控制的角度出发,应该对以下内容作出重点分析:

(1)对报价的统计分析。从纵横两个方面去分析,纵向是从投标人自身的情况分析其报价(总价和单价)的合理性,有无潜在的索赔因素;横向是投标人之间的横向比较分析,通过比较发现问题,再作重点分析。

(2)对主材用量的统计分析。当甲方供应主材时,投标文件中所列主材用量直接与费用控制有关,主材用量偏多,发包人支付的工程费用较多,因此,应作认真地分析比较:一是投标人之间分析比较;二是投标数与标底数之间的比较;三是投标人自身所报材料用量之间的比较。

(3)对工程进度所需财力保证的分析。对投标人财务流动资金的准备及其资信情况作分析。

3. 咨询澄清

由评标委员会与投标人分别进行书面咨询,对评标中发现的必须澄清的问题,要求投标人进行书面解答、澄清或承诺。

4. 全面评定

在对投标书内容全面了解的基础上,依据招标文件规定的评标办法进行评标。《中华人民共和国招标投标法》明确规定:"中标人的投标应当符合下列条件之一:一是能够最大限度地满足招标文件中规定的各项综合评价标准;二是能够满足招标文件的实质性要求,并且经评审的投标价格最低,但是投标价格低于成本的除外"。前者为综合评标,坚持报价合理、施工方案可行、施工技术先进、确保工期和工程质量的定标原则,按评标标准经分析比较后,逐项进行定量打分,累计得分最高者(或前两名)作为中标候选人,由评标委员会向招标人推荐。后者为经评审的最低报价法评标,主要评定投标文件是否满足招标文件的实质性要求?投标报价是否低于成本?经评审投标文件能满足招标文件的实质性要求,报价为所有投标人中最低,且没有低于成本价的投标人可作为中标候选人。

思考题与习题

1. 我国推行工程招投标制度的目的和意义是什么?
2. 监理人为做好招投标阶段的费用控制应提供哪些咨询服务项目?
3. 工程量清单的概念是什么?
4. 工程量清单的作用和包括的内容是什么?
5. 为什么说清单工程量的准确性对费用控制仍具有积极意义?
6. 为做好费用控制工作,你认为在清单前言中必须说明哪些主要问题?
7. 如何计算计日工工资?

8. 简述工程承包合同的类型、特点,分析不同类型的合同对费用控制的影响。
9. 简述投标人是如何进行投标报价的(工作内容及顺序)。
10. 投标人现场调查应弄清哪些问题?
11. 简述基础价格包括的内容、计算方法及影响工程单价的重要因素。
12. 简述投标人在报价中计入的分摊费用主要有哪些?
13. 简述审查投标人资格的意义和主要审查内容。
14. 投标人报价的合理性主要反映在哪些方面?
15 简述招标主要程序和评标方法。
16. 简述《水运工程工程量清单计价规范》主要包括的内容、适用范围、强制性规定条文和水运工程工程量清单计价活动应遵循的原则。
17. 根据《水运工程工程量清单计价规范》的规定,工程量清单报价文件应由哪些内容组成?
18. 根据《水运工程工程量清单计价规范》的规定,招标文件中确定的一般项目主要有哪些项目?

第四章 工程计量

[**本章内容要点**] 本章主要介绍为什么要进行工程计量,进行工程计量的项目应符合哪些要求,如何进行工程计量,监理人的计量职责与权限和水运工程工程量计算规则等内容。

第一节 概 述

在施工过程中,实际完成的工程数量往往和工程量清单所列工程数量不完全一致,费用支付时计算的工程数量是以实际完成的工作量为基础,而实际数量的确认必须经过工程计量这一关,因此在工程费用控制中工程计量是最重要的基本环节之一。

《水运工程施工监理规范》明确将工程计量定义为:按合同文件规定的计算方式与方法,对承包人完成的质量合格的工程或工作进行审核,确认其工程量或工作量。也对工程计量提出了明确的要求,要求工程计量应符合下列规定:

(1)对单价合同,应根据合同文件规定,核实和确认工程实际发生的工程量;

(2)对总价合同,应根据承包人中标价,按项目进行分解,并将管理费等其他费用分摊在各项中,形成调整单价,报发包人批准后执行;

(3)工程计量按合同规定的方法,可每月计量一次,也可按工程部位计量;

(4)工程量的核查应以施工图为依据;

(5)监理人对承包人填报的工程量有异议时,应会同承包人对工程量进行核定,总监理工程师应对核实的工程量进行签认,并通知承包人;

(6)监理人应按合同文件规定核实已完工程的费用。

一、工程计量的重要性

1. 工程计量是费用控制的关键环节

水运工程承包合同,一般采用的是单价合同。在合同条件中明确规定,工程量清单所列工程数量是该工程的估算工程数量,不能作为承包人应完成的实际工程数量。因为工程量清单表中的工程量是在制定招标文件时,按设计图纸和技术规范估算的工程数量,不能作为结算工程价款的依据。在工程价款的计量支付时,应以经过监理人计量确认的、不是高估冒算的工程数量作为向承包人支付工程价款的基础依据,从而保证发包人购买到货真量足的工程商品。因此,监理人必须对已完成的工程数量进行计量。

2. 工程计量是约束承包人履行合同义务的手段

工程计量不仅是费用控制的关键环节,也是监理人控制质量和控制进度的重要手段。首先,对于质量不合格的工程项目和工作内容可以拒绝计量,这样为质量监理提供了强有力的保障措施,也迫使承包人强化质量意识,严格按合同要求施工,认真履行合同义务,否则,他所完成的工作得不到监理人的认可,就得不到相应工程项目的价款。其次,监理人可通过按时计量,及时掌握承包人工作的进展情况和工程进度,当发现所完成的实际工程量严重少于计划应完成的工程量时,监理人有权要求承包人采取措施加快工程进度,使实际进度和计划进度相当,否则,监理人可以向发包人提出驱逐承包人的报告。第三,监理人可利用对各种附加和以外工作所拥有的计量权,指令承包人去完成一些暂定工作,促使水运工程施工在合同条件下正常进行。

二、工程计量项目

工程计量的任务一方面是正确地测定和计算已完成的工程数量,另一方面是对已完成的工程进行综合评价,在经济费用上给予确认,使已完工程成为发包人愿意接受的"商品"。因此,凡需要进行计量的工程项目必须具备以下条件:

1. 工程计量的项目应符合合同文件要求

合同文件规定计量的项目包括以下三个方面的项目:

(1)工程量清单项目。工程量清单中所列的全部项目都需进行计量,在报价单中没有填写单价和金额的项目也必须进行计量。因为,在合同文件中已有明确规定,对没有填写单价或金额的项目,其费用已包括在工程量清单的其他项目的单价或金额之中。因此,为了确认承包人是否按合同条件要求完成了该项工程内容,监理人仍需对它进行计量。

(2)合同文件规定项目。除了工程量清单中的工程项目以外,在合同文件中通常还规定了一些包干项目(如直接分包的项目等)和其他支付项目。只要是合同文件中有明确规定或监理人有明确指示应完成的项目,这些项目在支付前都必须根据合同条件的规定或监理人的指示进行计量。

(3)工程变更项目。在工程的变更设计中,一般都附有变更清单或对工程变更后工程项目及其数量发生的变化作详细说明。工程变更清单和工程量清单具有相同的性质,因此,对于工程变更清单的项目同样需要按照合同条件的规定进行计量。

2. 计量项目的工程质量必须达到合同文件规定的要求

为保证发包人购买的"商品"是合格产品,监理人必须严格把好质量关,这是监理人的主要职责之一。承包人完成的任何工程项目的施工质量都必须经监理人检查、检验,确认其质量已达到技术规范的标准,并签发工程项目的中间交工证书,在此基础上才能对工程进行计量。工程质量没有达到合格标准的任何工程或工作内容,一律不得进行计量,否则,就是监理人的渎职。

3. 计量项目的验收手续必须满足合同文件的要求

依据合同文件的规定,对某工程项目或某道施工工序(工程内容)的验收手续及有关资料包括以下内容:

(1)监理人批准的开工申请单;

(2)承包人进行自检、自测的各种资料和试验数据,即各种质量检验(试验)报告,各种检

验(试验)频率应符合合同文件的要求;

(3)监理人检验(试验)的各种数据,即各种抽检、抽验的成果资料;

(4)监理人签发认可的质量合格证书。

三、工程计量依据

工程计量的依据主要有质量合格证书、工程量清单、合同文件和设计图纸。

1. 质量合格证书

对于承包人已完成的工程数量,并不是全部进行计量,而只是质量达到合同标准的工程量才准许计量。因此,工程计量必须与质量监理紧密配合,经过监理人检验,工程质量达到合同规定标准后,由监理人签发质量合格证书,有了质量合格证书的工程才准许计量。所以说质量监理是计量的基础,计量又是质量监理的保障,通过工程计量可大大强化承包人的质量意识。

2. 工程量清单总说明和技术规范

工程量清单总说明和技术规范是确定计量方法的依据。因为工程量清单序言和技术规范的"计量支付"条款规定了清单中每一项工程数量的计算方法,同时明确规定了该项目单价所包括的工作内容和范围,它们是工程计量十分重要的依据。例如,关于重力式挡土墙的计量,工程量清单及其相应子目的特征描述规定:其计量单位为延长米,工作内容包括基础、墙身、踏步、混凝土压顶、栏杆、扶手等全部结构物的施工和安装工作。承包人在投标报价时,应该根据清单序言和技术规范的要求将所有工作内容包含在报价之中;监理人在计量支付时只能按总的延长米计算,对踏步、混凝土压顶、栏杆、扶手等项目的测量和检查,仅是确认项目是否完成,不再另外计量支付。

3. 设计图纸

单价合同以实际完成的工程数量进行结算,其实际完成的工程量是指被监理人计量确认的工程数量,而不是承包人实际施工的数量。监理人对承包人超出设计图纸尺寸增加的工程量和由于自身原因造成返工的工程数量,不予计量。即计量的几何尺寸应以设计图纸为准,而不是以工程施工实际尺寸计算。另外还有合同条件、工程变更令及修订的工程量清单、有关计量的补充协议等都是工程计量的依据。

四、工程计量原则

为做好费用控制的基础工作,监理人必须认真做好计量工作,严格把好计量关,一般应遵循以下原则:

1. 工程质量不符合合同文件要求的不合格工程,不得计量的原则

工程的施工质量达到合同文件规定的合格要求是计量最重要的前提,是工程计量的首要条件。如果工程质量不合格,或者未经监理人质量检验已达合格标准的工程项目,不管承包人以什么理由请求计量,监理人均应拒绝。

对于隐蔽工程,应在工程被覆盖之前进行质量检验,驻地监理工程师对其质量认可后,在覆盖前进行计量;对未经质量检验被覆盖的隐蔽工程,监理人有权拒绝计量,以此方式迫使承

包人重视工程质量的验收、检验,增强工程质量意识。

2. 计量方法、范围、内容和单位应与合同文件(工程量清单)的规定相一致的原则

工程计量的方法、范围、内容和单位在招标文件中都有明确的规定,工程量清单的内容、范围、数量等都是承包人投标报价最基本的数据,在对实际工程计量时,仍然按招标过程中计算工程量的方法、范围、内容和单位进行计量。一方面,要求实际工程数量和工程量清单数量应基本一致,为实现费用控制目标,两者的差距是越小越好。另一方面计量内容、单位的一致性,给支付工程款项提供了方便,否则投标竞价就完全失去了意义。

3. 监理人在计量中的权威性原则

对承包人完成的合格工程或所完成的工作内容的计量,是监理人控制进度、控制费用的主要手段。为此监理人对计量工作必须具有权威性,否则就无法保证监理人三大监理目标的实现。监理人对工程计量的权威性主要表现在:

(1)工程计量的结果必须得到监理人的确认;
(2)监理人有权对工程的任何部分进行计量;
(3)工程计量应按监理人同意的方式、方法进行;
(4)监理人对承包人为计量准备的资料和设备不符合要求时,可暂不计量。

承包人为计量应准备的资料和设备,通常在监理实施细则或监理人指令(通知)中有明确规定,主要包括三个方面的资料:

第一,经监理人批准的该单位工程(或分项工程)的开工申请,包括施工组织、流程工艺设计等。

第二,对各道工序的质量检验和质量认定资料,从施工放样到最终工程产品检验。

第三,在施工过程中承包人的施工记录和现场监理人员的监理日记、测试资料等,这些资料经驻地监理工程师认可后,可以作为工程计量的原始参数。

五、工程计量与质量检验的关系

1. 质量检验合格是工程计量的基础

凡反映为计量结果的分部、分项工程,都必须经过检验并已达到合格标准,其中包括施工过程中的工序检验、隐蔽工程检验及质量认可;而未经质量检验,或虽经检验而未合格,或未完成规定工作内容的分部、分项工程,均不应反映为计量结果。

发包人对合格产品才给予计量并支付工程款项,因此,工程质量合格是计量工作最重要的前提条件。

2. 监理人应及时进行计量

根据合同规定,监理人应及时对已经完成且质量合格的工程项目进行计量,对一切正在进行中的工程项目(工期在一个月以上),均需每月粗略计量一次,到这部分工程完工后,再根据合同条款进行精细计量。如疏浚工程的中间计量,在施工的过程中不需要每月都去验收一次后才计算工程量,可根据施工实际进度粗略估计数量(当然粗估数量应小于工程量清单的工程数量),待工程完工后,经检测验收,以交工测图计算工程量。

每月进行计量的目的是掌握工程进度情况,以及核定月进度款数量(以便进行中期支付)。只有用经过计量支付的工程款来反映工程进度才是最实在的、没有水分的工程进度,也只有通过及时计量支付才能及时反映当时工程的实际进度。

3. 必须经过检验的工序、工作或工程内容,不一定都反映为计量结果

为保证工程质量,必须经监理人检验的项目和内容远远多于计量的项目和内容,其中有相当一部分工序和工作内容被包容于相应的工程项目之中,对这些项目(或内容)的测量和检验是保证工程质量的需要,而不需独立计量支付。

4. 工程计量和质量检验的先后顺序,原则上是先检验后计量

原则上是先检验后计量,决不允许先计量后检验。但在实际监理工作中,为减少工作环节,对一些项目(如隐蔽工程等),可以考虑质量检验和现场计量(测量)同时进行,但必须在质量合格后对计量结果才给予确认。

六、监理人在计量中的职责与权限

我国《标准施工招标文件》(2007年版)明确规定"监理人受发包人委托,享有合同约定的权力。监理人在行使某项权力前需要经发包人事先批准而通用合同条款没有指明的,应在专用合同条款中指明"。因此在合同文件中同样必须明确监理人在计量工作中的职责和权限,只有这样才能开展正常的计量工作,才能确保费用控制目标的实现。反之,若监理人对工程计量不负责任或者无权过问,承包人实际完成的工程数量就无法准确掌握,工程价值就无从确定;没有准确的计量就没有合理的支付,就无法保证工程费用支付完全符合合同要求,无法利用计量支付这个经济杠杆协调好发包人与承包人在施工活动中的关系,会直接影响监理人对工程进度和工程质量的监理工作,最终会导致三大监理目标无法实现。

工程计量工作是监理人实现三大控制的重要工作。不管采用什么方式、何种方法进行计量,最终确认权归属于总监理工程师。《水运工程施工监理规范》和《F1DIC合同通用条件》规定,监理人有权对工程的任何部分进行计量,有权要求承包人委派代理人协助其对已完工程进行审核、计量,最终确认工程数量。监理人有权拒绝对质量不合格部分的计量,有权核减、删除、调整承包人计量的不合理部分。所谓不合理是指工程质量虽然合格,但没有按照水运工程技术规格范指定的计量规则和计量方法计量;或者有多计、冒计现象;或者大部分项目的质量是合格的,其中混入少量不合格的项目等现象。因此,监理人的计量权力实际上是对工程计量的确认权和审定权。

关于对监理人计量权力的限制主要靠三条,一是总监理工程师及其监理工作人员本身的职业道德和工作责任心;二是行业主管部门关于监理工作的规章制度;三是发包人的监理授权范围及其规定。由于监理人拥有工程数量的确认权,因此,承包人会千方百计设法让监理人多批工程数量,达到多获工程进度款的目的。为了规范监理行为、保护发包人的利益、促使监理人独立公正地行使监理职权,交通部颁发了一系列的规章制度和管理办法。以下列举部分内容供参考。

《公路、水运工程监理工程师资质管理办法》第二十七、二十八条规定:对不能自觉遵守监理工程师职业道德、缺乏监理工作责任心的,监理工作失误、造成工程质量事故或经济损失的,

将根据情节分别给予通报批评、停止执业、取消监理资格并收缴证书及5年内不得再申报监理工程师的处罚;对丧失职业道德、贪污受贿、玩忽职守或因监理工作失误造成重大工程质量事故和严重经济损失并构成犯罪的,除取消监理资格并收缴证书外,还将由司法机关追究其刑事责任。

《水运工程施工监理合同范本》第六条规定监理工程师的职责与义务,监理工程师应接受交通行政主管部门及其授权的水运工程质量监督机构以及发包人对监理工作的监督和检查;不得泄露本工程需要保密的技术与经济资料,不得与第三方发生直接或间接的经济关系。

《交通部水运工程施工监理规定》(试行)(交基发【1994】691号)第八、九条规定,监理单位和监理人员应恪守"严格监理、热情服务、秉公办事、廉洁自律"的准则,积极工作,勤奋学习,与建设、设计、施工单位及质量监督部门密切合作,全面履行施工监理的职责和义务;对擅离职守、营私舞弊,造成较大工程事故和经济损失的监理单位及个人,建设单位可视情节扣减工程监理费、终止监理合同、责令其退场;交通工程主管部门可分别给予通报批评、警告、责令停业整顿、降低资质等级、吊销监理资格证书等处罚;对情节严重的依法追究其经济和刑事责任。

第二节 工程计量工作程序

工程计量在工程费用控制中十分重要,计量工作的好坏会直接影响发包人(或承包人)的经济利益,妨碍双方对工程承包合同的正常履行,影响监理工程师的监督权威,妨碍正常监理业务的开展,因此对工程计量的工作程序必须有严格的规定,保证计量工作在合同规定的程序下进行,避免在计量工作中发生偏差。

一、工程计量单位

计量单位可以分为物理计量单位和自然计量单位两类。前者长度常用米表示;面积常用平方米、千平方米表示;体积常用立方米、万立方米表示;重量常用千克、吨表示。后者常用个、根、件、台、组、套等作为计量单位。

在计量过程中,应该注意实际计量的单位应和工程清单或合同中明确规定的单位相一致,避免给支付款额的计算带来麻烦。另外,需强调的是,在单价合同中规定,所有计量都以净值为准(即设计图纸尺寸为准)。

二、工程计量方法

工程计量的方法与工程数量的测量、计算方法不完全相同。工程计量的方法,主要有以下几种:

1. 断面法

水运工程中大量的土石方工程,土石方的挖除和填筑、疏浚开挖运河、挖基坑、炸礁、建筑防波堤及整治工程、拦河大坝等,都可用断面法来计算其工程数量。

2. 图纸法

工程设计图纸是工程计量的主要依据之一,有些工程项目的计量,可直接根据设计图纸进行计算,现场测量主要是为检验其施工质量是否达到要求。如现浇混凝土的体积、钢筋的长度、钻孔灌注桩的桩长、通航建筑物的基坑开挖、航道土方开挖等,都可以用图纸法来计量;在实际施工中几何尺寸小于设计值(或超出允许范围)为不合格工程,大于设计值时多出部分不计量。计算净值的工程项目,通常都可采用图纸法进行计量。

3. 分解计量法

对一个相对独立的整体工程项目,施工工期大于一个支付期限(一个月),有必要分次支付时,可采用分项计量法来计量。分项计量就是将一个整个项目根据工序或部位(分项)分成若干子项,对已完成的各子项先行计量,按各子项所占总量的比例,计算支付款额,但各子项支付的合计款额应与整体项目款额相等。

4. 均摊法

均摊法就是将在合同工期内每月都有发生的费用(且无法准确计算在各个时期发生量的多少),可按合同工期每月平均分摊计量的方法。这些费用包括临时码头、通航标志、道路及设施、办公室的维修、测量设备的保养等单项费用。

5. 凭证法

凭证法就是根据合同的要求,承包人应提供票据才能计量支付的方法。如保险费就是以承包人每次交付费用的凭证或单据才能进行计量支付。又如对承包人有些索赔项目的计量,有时可根据实际发生的费用进行计量,而实际发生的费用就需要有票据或凭证作证明。

三、工程计量方式

工程计量方式按参加计量(或测量)工作人员的组成可分为以下三种。

1. 承包人自行计量

承包人根据监理人的指示,对已完成的部分工程项目可自行进行计量,然后将计量的记录及有关资料在规定的时间内报送监理人核实确认。承包人自行进行计量时,更应提供详实可靠的原始计量资料,以便监理人审核。

2. 监理人独立计量

计量工作由监理人单独承担,这样可以改善计量工作的环境,特别是对已计量项目的复合性计量。由监理人单独进行计量的结果,一般认为是准确的,除非承包人在得到计量结果的14天内,以书面形式向监理人提出对计量结果有异议的申辩,监理人针对申辩提出的理由可进行复核,并将复核结果通知承包人。

3. 监理人和承包人联合计量

在对某项目进行计量前,由监理人通知承包人,告诉其计量的时间与计量的内容,并要求承包人派人与做好计量准备工作,由监理人和承包人双方所派人员组成计量小组,共同对该工程项目(或内容)进行计量,对计量结果双方签字认可。如果承包人在接到监理人通知后,不参加或未派人参加计量工作,在这种情况下,监理人员独立进行计量,经监理人批准的计量应认为是正确的工程计量,可以作为支付依据,承包人不能对这种计量及其结果提出异议。

以上三种计量方式各具特点,可在不同的情况下采用。当采用承包人自行计量时,其优点是可以减少监理人员现场计量工作量,但监理人审核的工作量会增加,对现场计量控制的力度没有其他两种计量方式强。当采用监理人独立计量时,计量准确性、可靠性程度高,但需要的监理工作人员多。现阶段采用监理人和承包人联合计量的方式较多,因为共同计量有利于消除双方的疑虑,有利于现场解决分歧,减少争议,能较好地保证计量及其结果的公正性和准确性,同时也简化了程序,节约了计量时间。不管是何种计量方式,其计量方法必须符合合同的要求,计量的结果必须得到总监理工程师确认。

四、工程计量程序及相关规定

承包人对已完成工程项目或工作内容,认为已具备计量条件,可以提出计量申请并随同有关资料一起报监理人,以便监理人安排工程计量工作。根据工程项目的特点,有的必须到工地现场进行计量,有的可依据工程设计图纸和有关施工计划、施工记录进行计量,如何计量应有监理人安排。

(一)现场计量程序

当监理人安排对某工程项目(或某部分)进行现场计量时,应按照通用条件的规定,事先通知承包人或承包人代表。承包人或承包人代表在接到通知后,应准时参加或立即派出合格的代表准时参加,协助监理人进行上述计量工作,并按照监理人通知要求提供必要的工作条件和一切详细资料。计量工作由监理人和承包人双方委派的合格人员在现场进行工程计量,对计量结果双方签字认可。如果承包人不参加,则由监理人进行的或由他批准的计量应认为是对该工程项目(或工作内容)的正确计量,可作为支付的依据,承包人不能对此种计量及结果提出异议。

(二)非现场计量程序

对某些永久性工程项目的计量,可采用施工记录和工程设计图纸进行计量。当采用这种非现场方式计量时,监理人应准备该工程项目的图纸和有关记录;当承包人被通知要求参加此项计量时,承包人应在规定的时间内同监理人一道审查、计算该工程项目的工程数量,双方意见一致时,则双方签名确认。如果双方意见不一致(即承包人不同意计量结果),承包人可以在合同规定的时间内向监理人提出申辩,说明申辩原由。监理人在接到申辩后,应复查相关记录、工程图纸及其计量结果,或者维持原计量结果,或者进行修改,并将复议后的结果通知承包人。如果承包人不出席、不参加此类计量工作,则应认为监理人对相应工程项目的计量结果是正确无误的。

(三)工程计量相关规定

《中华人民共和国标准施工招标文件》(2007年版)第17.1.4、17.1.5条款,关于工程计量的规定:

1. 单价子目的计量

(1) 已标价工程量清单中的单价子目工程量为估算工程量；结算工程量是承包人实际完成的、并按合同约定的计量方法进行计量的工程量。

(2) 承包人对已完成的工程进行计量，向监理人提交进度付款申请单、已完成工程量报表和有关计量资料。

(3) 监理人对承包人提交的工程量报表进行复核，以确定实际完成的工程量。对数量有异议的，可要求承包人按 8.2 条(施工测量条款)约定进行共同复核和抽样复测。承包人应协助监理人进行复核并按监理人要求提供补充计量资料。承包人未按监理人要求参加复核，监理人复核或修正的工程量视为承包人实际完成的工程量。

(4) 监理人认为有必要时，可通知承包人共同进行联合测量、计量，承包人应遵照执行。

(5) 承包人完成工程量清单中每个子目的工程量后，监理人应要求承包人派员共同对每个子目的历次计量报表进行汇总，以核实最终结算工程量。监理人可要求承包人提供补充计量资料，以确定最后一次进度付款的准确工程量。承包人未按监理人要求派员参加的，监理人最终核实的工程量视为承包人完成该子目的准确工程量。

(6) 监理人应在收到承包人提交的工程量报表后的 7 天内进行复核，监理人未在约定时间内复核的，承包人提交的工程量报表中的工程量视为承包人实际完成的工程量，据此计算工程价款。

2. 总价子目的计量

除专用合同条款另有约定外，总价子目的分解和计量按照下述约定进行：

(1) 总价子目的计量和支付应以总价为基础，不因物价波动、法律变化等等因素而进行调整。承包人实际完成的工程量，是进行工程目标管理和控制进度支付的依据。

(2) 承包人在合同约定的每个计量周期内，对已完成的工程进行计量，并向监理人提交进度付款申请单、专用合同条款约定的合同总价支付分解表所表示的阶段性或分项计量的支持性资料，以及所达到工程形象目标或分阶段需完成的工程量和有关计量资料。

(3) 监理人对承包人提交的上述资料进行复核，以确定分阶段实际完成的工程量和工程形象目标。对其有异议的，可要求承包人按 8.2 条(施工测量条款)约定进行共同复核和抽样复测。

(4) 除按照第 15 条(变更条款)约定的变更外，总价子目的工程量是承包人用于结算的最终工程量。

3. 工程计量管理的时限规定

《中华人民共和国标准施工招标文件》(2007 年版)明确规定：承包人应按合同专用条款中约定的期限，向监理人提交已完成工程量的报表。监理人收到报表后 7 天内审核签认。若监理人接到报表后 7 天内未提出异议，承包人所报工程量视为已被监理人确认。若监理人对承包人所报工程量有异议，承包人应协助监理人对已完工程进行核实，并重新核报。若承包人拒绝协助监理人对已完工程进行核实或不重新核报，则以监理人核实的工程量为准。上述规定进一步明确监理人应及时计量，承包人应积极配合。

第三节 工程量计算规则

中华人民共和国交通部于 2008 年 12 月 22 日发布的《水运工程工程量清单计价规范》(JTS271-2008)明确规定了水运工程工程量计算规则。监理人在计算工程数量时,当合同文件有明确规定的应该按照合同规定执行,当合同文件没有明确规定的应该按照《水运工程工程量清单计价规范》中的工程量计算规则执行。

一、工程量计算的一般规定

(1)工程量计算依据
①招标文件及设计图纸;
②技术规范、工程质量检验标准;
③经有关部门批准的技术经济文件。
(2)施工过程中损耗或扩展而增加的工程量不得计算在工程量清单的工程数量中,所发生的费用可在工程单价中考虑(除非另有规定)。
(3)工程量清单的工程项目应按照设计图纸、工程部位和分部分项工程顺序依次排序。
(4)施工水位应采用设计文件提供的数值。当设计文件未作明确规定时,施工水位可按下列要求确定:
①有潮港采用工程所在地的平均潮位;
②无潮港采用工程所在地施工季节的历年平均水位;
③内河航道工程,根据工程类型和《内河航运工程水文规定》(JTS 145-1—2011)中关于施工水位的规定确定。
(5)水工工程与陆域工程界线的划分应根据工程部位、结构要求确定,并应以保证水工建筑物结构及各组成部分的完整性为原则。
(6)水工工程应以施工水位为界划分水上工程和水下工程。
(7)测量工程的工程量应按设计图示区域、图比要求,按面积计算。
(8)导航助航设施工程量的计算应区分不同结构形式分别计算。

二、疏浚工程的工程量计算

(1)挖泥工程量应按设计图纸计算净量。
(2)疏浚岩土的分类、分级应根据疏浚岩土的勘察报告和岩土试验报告确定,并应符合现行行业有关标准的规定。
(3)对于有自然回淤的施工区域,施工期回淤量可在工程单价中考虑。
(4)招标人应在招标文件中明确计算工程量的方法。
(5)在同一施工区域出现不同疏浚岩土级别时,应分别计算工程量。
(6)吹填工程量应按设计图示轮廓尺寸扣除吹填区围(子)堰等的体积计算有效净量,原土体的沉降应计入工程量;吹填土体的流失、固结量等可在工程单价中考虑。

三、土石方工程的工程量计算

(一)不同岩土级别的工程量应分别计算

土类、岩石级别划分应符合现行行业有关标准的规定,并应区分不同级别分别计算工程量。水下挖泥土类的划分可按表4-1确定。

水下挖泥土质类别表   表4-1

土质类别	名称或特征	标准贯入击数 N	液性指数 I_L
Ⅰ	淤泥、淤泥混砂、软塑黏土、可塑亚黏土、可塑亚砂土、可塑黏土	$N \leq 8$	$I_L \leq 1.5$
Ⅱ	砂、硬塑亚黏土、硬塑亚砂土、硬塑黏土	$N \leq 14$	$I_L \leq 0.25$
Ⅲ	坚硬的黏土、砂夹卵石、坚硬亚砂土、坚硬亚黏土	$N \leq 30$	$I_L < 0$
Ⅳ	强风化岩、铁板砂、胶结的卵石和砾石	$N > 30$	

注:Ⅰ、Ⅱ类土以液性指数为主要判别标准。

(二)土石方开挖及回填工程边坡系数的确定

土石方开挖及回填工程量应按设计图纸计算净工程量,边坡系数应采用设计文件提供的数值。当设计未提供边坡值时,可按表4-2~表4-4确定。

(1)回填工程的边坡可按表4-2确定。回填工程中原土体的沉降应计入工程量。
(2)开挖地槽、地坑的放坡系数可按表4-3确定。

回填工程边坡系数表   表4-2

序号	土的种类	临时填方		永久填方	
		填方高度(m)	边坡系数	填方高度(m)	边坡系数
1	黏土、亚黏土、泥灰岩土、亚砂土、细砂	≤8	1:0.33	≤6	1:0.33
2	黄土、类黄土	≤6	1:0.33	≤6	1:0.33
3	中砂、粗砂	≤12	1:0.33	≤8	1:0.33
4	砾石、碎石土	≤12	1:0.33	≤12	1:0.33
5	易风化的岩石	—	—	≤12	1:0.33
6	轻微风化的、尺寸在25cm以内的石料	≤8	1:0.33	≤8	1:0.33
7	轻微风化的、尺寸大于25cm石料,边坡选用最大石块,分类整齐铺砌	≤8	1:0.33	≤8	1:0.33
8	轻微风化的,尺寸大于40cm的石料,其边坡分排整齐,紧密铺砌	≤8	1:0.33	≤8	1:0.33

开挖地槽、地坑放坡系数表   表4-3

土壤类别	挖深(m)	系数
Ⅰ、Ⅱ类	≥1.2	1:0.33~1:0.75
Ⅲ类	≥1.5	1:0.25~1:0.67
Ⅳ类	≥2.0	1:0.10~1:0.33

注:①挖深指槽、坑上口自然地面至槽、坑底面的垂直高度;
②地槽、地坑中土质类别不同时,应分别按其挖深、放坡系数,依不同土质厚度加权平均计算;
③计算放坡时,在交接处的重复工程量应予扣除。

(3)开挖沟槽、基坑石方工程的放坡系数可按表4-4确定。

开挖沟槽、基坑石方工程放坡系数表 表4-4

岩石类别	风化程度	开挖深度(m)			
		≤4.0	≤8.0	≤12.0	≤15.0
硬质岩石(Ⅹ~Ⅻ级)	微风化	1:0.10	1:0.20	1:0.30	1:0.35
	中等风化	1:0.20	1:0.35	1:0.45	1:0.50
	强风化	1:0.35	1:0.50	1:0.65	1:0.75
软质岩石(Ⅴ~Ⅸ级)	微风化	1:0.35	1:0.50	1:0.65	1:0.75
	中等风化	1:0.50	1:0.75	1:0.90	1:1.00
	强风化	1:0.75	1:1.00	1:1.15	1:1.25

(三)土方工程

土方开挖除一般挖土以外有岸坡开挖、地槽开挖和地坑开挖三种。

(1)坡度陡于1:2.5的陆上坡面开挖,应按岸坡挖土计算。

(2)槽底开挖宽度在3m以内,且槽长大于三倍槽宽的陆上开挖工程可按地槽挖土计算,不满足前款条规定且坑底面积在20m²以内的陆上开挖工程应按地坑挖土计算。

(3)土方开挖各类槽、坑的计算长度应根据自然地面起伏状况划分成若干段,每段长度一般不宜大于10m。

(4)按设计图纸计算铺填工程量时,不应扣除预埋件和面积在0.20m²以内的孔洞所占的体积。

(5)平均高差超过0.30m的陆上土方工程,应按土方挖填以体积计算工程量。反之,应按场地平整以面积计算工程量。

(6)洞室土方开挖断面积大于2.5m²时,水平夹角不大于6°应按平洞土方开挖计算;水平夹角在6°~75°的应按斜井土方开挖计算;水平夹角大于75°且深度大于上口短边长度或直径的应按竖井土方开挖计算工程量;平洞、斜井、竖井土方开挖的工程量应按设计图纸以体积计算。

(7)夹有孤石的土方开挖,大于0.7m³的孤石应按石方开挖计算。

(8)土方开挖工程量不应计算工作面开挖小排水沟、修坡、铲坡、清除草皮、工作面范围内的小路修筑、交通安全以及必须的其他辅助工作等。

(四)石方工程

(1)设计坡度陡于1:2.5且平均开挖厚度小于5m的应按坡面石方开挖计算。

(2)陆上石方工程沟槽底宽在7m以内,且长度大于三倍宽度可按沟槽计算。不满足前款规定且底面积小于200m²,深度小于坑底短边长度或直径可按基坑计算。

(3)陆上洞室石方开挖断面积大于5m²时,水平夹角不大于6°应按平洞石方开挖计算;水平夹角在6°~75°的应按斜井石方开挖计算;水平夹角大于75°且深度大于上口短边长度或直径的应按竖井石方开挖计算工程量;平洞、斜井、竖井石方开挖的工程量应按设计图纸以体积计算。

(4)除坡面、沟槽、墓坑、洞室以外的陆上石方开挖应按一般石方计算。

(5)不允许破坏岩层结构的陆上保护层石方开挖,设计坡度不陡于1:2.5时,应按底部保护层石方开挖计算;设计坡度陡于1:2.5时,应按坡面保护层石方开挖计算。

(6)陆上石方开挖保护层应按设计图纸计算工程量,当设计文件未提供时,保护层厚度可按表4-5确定。

保护层厚度表 表4-5

保护层名称	软质岩石Ⅴ~Ⅶ	中等硬度岩石Ⅶ~Ⅸ	坚硬岩石Ⅹ以上
垂直保护层(m)	2	1.5	1.25

(7)预裂爆破应按预裂面内的岩石开挖计算。

(五)水下工程

水下挖泥水深应按施工水位与设计挖槽底标高之差扣除平均泥层厚度之半确定。水下抛填工程应计入原土沉降增加的工程量。水下抛填水深应按施工水位与设计挖槽底标高之差加上基床厚度之半确定。基床夯实范围应按设计文件确定;当设计文件未规定时,应按建构筑物底面尺寸各边加宽1.0m确定;若分层抛石、夯实应按分层处的应力扩散线各边加宽1.0m确定。

基床整平范围的确定:

(1)粗平时建构筑物取底面尺寸各边加宽1.0m,有护面块体时取压脚块底边外加宽1.0m;对于码头基床包括全部前肩范围;

(2)细平时建构筑物取底面尺寸各边加宽0.5m,有护面块体时取压脚块底边外加宽0.5m;对于码头基床包括全部前肩范围。

基床理坡工程量应以面积计算。

(六)砌筑工程

砌筑工程量应按设计砌体外形尺寸以体积计算。砌体表面加工应按设计要求计算砌体表面展开面积。砌体砂浆勾缝应按不同的砌体材料区分平面、斜面、立面、曲面以及平缝、凸缝,分别按砌体表面展开面积以面积计算。砌体砂浆抹面应按不同厚度区分平面、斜面、立面、曲面、拱面,分别按砌体表面展开面积以面积计算。

四、地基与基础工程

(1)基础打入桩应根据不同的土质类别、桩的类别、断面形式、桩长,以根或体积计算混凝土桩工程量,以根或重量计算钢桩工程量。基础打入桩的土质级别应按表4-6划分。

(2)基础打入桩工程量计算。斜度小于或等于8:1的基桩按直桩计算;斜度大于8:1的基桩按斜桩计算。在同一节点由一对不同方向的斜桩组成的基桩按叉桩计算;在同一节点中由两对不同方向叉桩组成的基桩组按同节点双向叉桩计算。独立墩或独立承台结构体下的基桩,或含三根及三根以上斜桩且不与其他基桩联系的其他结构体下的基桩按墩台式基桩计算。引桥设计纵向中心线岸端起点至码头前沿线最远点垂线距离大于500m时,码头部分的基桩按长引桥码头基桩计算。

基础打入桩土质级别划分表 表4-6

土类 级别	黏性土			砂性土	碎石土		风化岩
	黏土、亚黏土	亚砂土		标准贯入击数 N	角砾、圆砾	碎石、卵石	标准贯入击数 N
	液性指数 I_L	液性指数 I_L	标准贯入击数 N				
一	≥0.5	≥0.5	≤15	≤20	—	—	—
二	<0.5	<0.5	15~50	20~50	稍密、中密	稍密	≤50
三	≤0	≤0	>50	>50	密实	中密	50~80

注：①黏性土类中的亚砂土在工程土壤级别判定时，I_L 或 N 满足一个指标即可判定；
②黏性土中，第四纪晚更新世 Q3 及以前沉积的黏性土（即老黏土），当 $N>15$ 时，按三级土判定。

（3）陆上施打钢筋混凝土方桩、管桩，当桩顶低于地面2m时，应按深送桩计算；设计文件要求试桩时，试桩工程量应单独计算。

（4）基础灌注桩工程量计算

①成孔工程量按不同的设计孔深、孔径、土类划分，以根或体积计算；孔深按地面至设计桩底计算；

②灌注桩混凝土工程量根据不同的混凝土强度等级，按设计桩长、桩径计算；扩孔因素不计入工程量；

③灌注桩桩头处理以根计算。

（5）基础灌注桩土类应按表4-7划分。

基础灌注桩土类划分表 表4-7

土质类别	说 明
Ⅰ	塑性指数大于7的黏土、亚黏土（包括黄土）
Ⅱ	粒径小于2mm的砂类土，包括粒径 2~20mm 颗粒含量不超过全重50%的碎石土以及亚砂土、软土、吹填土
Ⅲ	粒径 2~20mm 颗粒含量超过全重50%的角砾、圆砾土质，以及粒径 20~60mm 的颗粒含量不超过全重20%的碎石、卵石土质
Ⅳ	粒径 20~200mm 的颗粒含量超过全重20%的碎石、卵石土质，以及粒径 200~500mm 的颗粒含量不超过全重10%的块石、漂石土质
Ⅴ	中等风化程度及以上的软质岩石或强风化的硬质岩石，包括粒径大于500mm的颗粒含量超过10%的块石、漂石土质
Ⅵ	中等风化程度及以下硬质岩石或微风化的软质岩石

（6）地下连续墙工程量应根据成槽土类、混凝土强度等级，按设计延米、宽度、槽深以体积计算。地下连续墙土类应按表4-8划分。

地下连续墙土类划分表 表4-8

土质类别	说 明
Ⅰ	塑性指数大于7的黏土、亚黏土（包括黄土）或标准贯入击数 N 等于或小于10的土层
Ⅱ	粒径小于2mm的砂类土，包括粒径 2~20mm 颗粒含量不超过全重50%的碎石土以及亚砂土、亚黏土、坚硬黏土或标准贯入击数 N 大于10、小于或等于30的土层
Ⅲ	粒径 2~20mm 颗粒含量超过全重50%的角砾、圆砾土质，以及粒径 20~60mm 的颗粒含量不超过全重20%的碎石、卵石土质，或标准贯入击数大于30、小于或等于50的土层

(7)软土地基加固堆载预压工程量计算。堆载预压工程量根据不同预压荷载、堆载料的要求以面积计算;堆载材料用量以体积计算;设计文件未明确堆载材料放坡系数时,放坡系数按1:1计算;原土体的沉降,应单独计算工程量。

(8)软土地基加固真空预压工程量,根据不同的真空预压要求以面积计算;采用联合堆载、真空预压时应分别计算堆载工程量和真空预压工程量;采用塑料排水板加固软土地基时工程量应以根或长度计算;采用陆上强夯加固软土地基时,其工程量应根据不同的夯击能量、每100m² 的最终夯点数、点夯击数、普夯遍数及击数,按设计强夯加固面积计算;夯坑填料应计入工程量以体积计算;采用打砂桩(砂井)加固软土地基时,工程量应以根或体积计算,袋装法以根或长度计算;采用陆上打碎石桩加固软土地基时,工程量应以根或体积计算。

(9)深层水泥拌和加固水下基础工程,应根据不同的水深、加固深度、土质类别,按设计加固体积计算。加固单元体之间的空隙部分不扣除,搭接部分亦不增加。

(10)软土地基加固如需试验,应单独计算工程量。

(11)钻孔灌浆中的钻孔工程量应根据设计图纸、钻孔角度、岩石级别或砂砾石层类别、孔深、孔径,按设计进尺计算长度;其灌浆工程量应根据设计图纸、灌浆材料、岩体吸水率或灌浆干料耗量,按设计灌浆深度以长度计算。

(12)砂砾石层帷幕灌浆、土坝劈裂灌浆工程量,应按设计图纸的有效灌浆长度计算。

(13)岩石层帷幕灌浆、固结灌浆工程量,应按设计图纸计算的有效灌浆长度或设计净干耗灰量计算。

(14)接缝灌浆、接触灌浆工程量,应按设计图纸计算的混凝土施工缝或混凝土坝体与坝基、岸坡岩体的接触缝有效灌浆面积计算。

(15)高压喷射防渗墙灌浆工程量,应按设计图纸的不同墙厚的有效连续墙体截水面积计算;灌浆压力大于等于3MPa应划分为高压灌浆,小于1.5MPa应划分为低压灌浆,其余应划分为中压灌浆。

(16)基础岩石层帷幕灌浆和基础破碎、多裂隙岩层固结灌浆的岩体吸水率可根据地质勘察压水试验确定。压水试验工程量应按试段计算。

(17)化学灌浆中的灌浆工程量应根据不同的灌浆材料、裂缝部位、缝宽和缝深以重量计算。

(18)沉井下沉工程量应根据设计图纸、整体下沉深度、土类划分按设计沉井平面投影面积乘以下沉深度计算。沉井的井壁、封底、填芯、封顶等应按有关规定分别计算。

五、混凝土工程

混凝土及钢筋混凝土的工程量应根据设计图纸、浇筑部位及混凝土强度、抗冻、抗渗等级以体积计算,不应扣除钢筋、铁件、螺栓孔、三角条、吊孔盒、马腿盒等所占体积和单孔面积在0.2m² 以内的孔洞所占体积。

1.陆上现浇混凝土工程量计算

(1)陆上现浇混凝土基础工程。独立基础根据断面形式以体积计算;带形基础根据断面形式以体积计算,其中有肋带形基础的肋高与肋宽之比在4:1以内时按有肋带形基础计算,超过4:1时底部按板式基础计算,底板以上部分的肋按墙计算;无梁式满堂基础的扩大角或锥形柱墩并入满堂基础内计算工程量;箱式满堂基础按无梁式满堂基础、柱、梁、板、墙等项目分别计算工程量;其他类型的设备基础分别按基础、梁、柱、板、墙等项目计算。

(2)陆上现浇混凝土柱。柱高自柱基上表面算至顶板或梁的下表面,有柱帽时柱高自柱基上表面算至柱帽的下表面;牛腿并入柱身以体积计算。

(3)陆上现浇混凝土梁。基础梁按全长计算体积;主梁按全长计算,次梁算至主梁侧面;梁的悬臂部分并入梁内一起计算;梁与混凝土墙或支撑交接时,梁长算至墙体或支撑侧面;梁与主柱交接时,柱高算至梁底面,梁按全长计算;梁板结构的梁高算至面板下表面。

(4)陆上现浇混凝土板。有梁板按梁板体积之和计算;无梁板按板和柱帽体积之和计算;平板按混凝土板实体体积计算;伸入支撑内的板头并入板体积内计算。

(5)陆上现浇混凝土墙。墙体的高度由基础顶面算至顶板或梁的下表面,墙垛及凸出部分并入墙体积内计算;墙体按不同形状、厚度分别计算体积。

(6)陆上现浇混凝土廊道、坑道、沟涵、管沟。计算工程量时可将底板、墙体、顶板合并整体计算。陆上现浇混凝土拨车机基础、牵引器基础、夹轮器基础、带排水沟的挡土墙工程量,按不同作用可分别整体计算。

(7)陆上现浇混凝土池。池底板、池壁、顶板分别计算。池底板的坡度缓于1:1.7按平面底板计算,陡于1:1.7的按锥形底板计算;池壁高度从底板上表面算至顶板下表面,带溢流槽的池壁将溢流槽并入池壁体积计算;污水处理系统中澄清池中心结构按整体计算。

(8)陆上现浇混凝土卸车坑。底板、墙体、梁、面板、漏斗分别计算;火车轨道梁和框架梁单独计算,其他梁按断面形式分别计算;漏斗按整体计算,并算至墙体或梁的侧面。

(9)陆上现浇混凝土筒仓。筒仓底板上的各种支座混凝土并入底板计算;底板顶面以上至顶板底面以下为筒壁,筒壁工程量计算扣除门窗洞口所占体积;各仓间连接部分并入筒壁计算;钢制漏斗的混凝土支座环梁及板算至筒壁内表面;现浇混凝土漏斗将环梁、板并入漏斗一并计算;筒仓顶板、进料口和顶面设备支座混凝土一并计算。

(10)预制梁、板、柱的接头和接缝的现浇混凝土工程量应单独计算。

2. 翻车机房基础工程

翻车机房基础混凝土按不同结构部位分为底板、墙体、梁、板、柱等分别计算体积;当单侧翼板长度为墙身厚度的2.5倍以上时按带翼板墙计算;当单侧翼板长度为墙身厚度的2.5倍以下时按出沿墙计算,其翼板及出沿部分并入墙身体积计算;翻车机房基础的扶壁并入与其连接的墙体体积内计算;底板、墙体等为防渗而设置的闭合块混凝土单独计算工程量。

3. 通航建筑物及挡泄水建筑物混凝土工程

(1)闸首混凝土工程量计算。以闸首底板与边墩的施工缝为界划分边墩与底板,分别计算工程量;带输水廊道的实体边墩以廊道顶高程以上1.5m为界,带输水廊道的空箱边墩以廊道顶板顶高程为界,分别计算工程量;闸首的门槛、检修平台、消力槛等并入底板计算,帷幕墙单独计算;边墩顶部的悬臂板、胸墙、挡浪墙、磨耗层、踏步梯等工程量单独计算。

(2)闸室混凝土工程量计算。分离式以底板与闸墙竖向分缝处为界,整体式以底板与闸墙连接处底板顶标高为界划分闸墙与底板;墙体顶部的靠系船设施、廊道以及墙体上的阶梯可并入墙体计算。

（3）平底板工程量应包括齿槛体积；空箱底板应包括隔墙、分流墩、消力梁及面板，孔洞体积应扣除；反拱底板的拱部结构应按反拱底板计算，拱上结构应按梁计算。闸墙和系船墩上的系船环、系船钩等孔洞体积不应扣除。边墩、闸墙与其他混凝土构件交接时除另有说明外，其他混凝土构件均应计算至边墩和闸墙外表面。消力槛、消力齿、消力墩、消力梁、消力格栅等工程量，应分别计算；消力池如直接设置在底板上可并入底板计算工程量。

（4）二期混凝土工程量应单独计算；升船机基础工程量应按轨道梁、连系梁、滑轮井、绳槽、车挡、托辊墩等分别计算；泄水闸底板、闸墩、溢流坝、溢流面、厂房等工程量应分别计算。

（5）其他现浇混凝土工程量计算

①胸墙、导梁及帽梁的工程量，不扣除沉降缝、锚杆、预埋件、桩头嵌入部分的体积；

②挡土墙、防浪（汛）墙的工程量，不扣除各种分缝体积；

③堆场地坪、道路面层，按不同厚度分别计算，不扣除各种分缝体积。

4. 碾压混凝土工程量

碾压混凝土工程量应按设计图纸以体积计算；回填混凝土工程量应按设计图纸或实际测量尺寸以体积计算；沥青混凝土工程量应按设计图纸以面积计算，封闭层按设计图纸或实际测量尺寸以面积计算。

5. 水上现浇混凝土构件

水上现浇混凝土构件工程量应区分不同形状按设计图纸以体积计算。水上现浇混凝土桩帽、帽梁、导梁工程量，不应扣除桩头嵌入部分的体积；水上现浇混凝土桩基式墩台、墩帽、台身、支座工程量，不应扣除桩头嵌入墩帽的体积；水上现浇混凝土码头面层、磨耗层工程量不应扣除分缝体积；水上现浇预制构件接缝、节点、堵孔工程量，应按不同接缝种类以体积计算。

6. 水下现浇混凝土工程量

水下现浇混凝土工程量应按设计图纸要求以体积计算。

7. 混凝土及钢筋混凝土预制构件的预制和安装工程量

应分别按设计图纸，区分不同构件形状、重量等特征以体积和件计算。预制混凝土空心方桩、大管桩和 PHC 桩的工程量，应扣除中空体积；单件体积小于 $0.5m^3$ 的预制混凝土小型构件的预制和安装工程量应区分不同构件类型等特征以体积或件计算；超过六个面的混凝土方块工程量，应按异形方块以体积计算。

六、钢筋、金属结构制作安装工程

（1）现浇、预制构件的钢筋工程量应根据不同材质分别按设计图纸以重量计算。混凝土预制构件钢筋工程量应按预应力和非预应力分别计算；设计图纸未标示的搭接钢筋、架立钢筋、空心方桩胶囊定位钢筋和灌注桩、地下连续墙悬吊钢筋及其他加固钢筋等的工程量可在工程单价中考虑。

（2）金属结构制作工程量应按设计图纸以重量计算。钢材重量应按设计图纸计算，不应扣除切肢、断边及孔眼的重量;多边形或不规则形钢板应按外接矩形计算。

(3)除锈、刷涂料工程量应按设计要求以展开面积计算。

(4)闸阀门、拦污栅制作工程量,应根据不同的门型、单扇门重,按钢结构本体、止水件、防腐处理等分别计算。门重应包括门体重量和安装于门叶上的运转支撑件的重量。

(5)钢轨、系船柱等各种成品件、闸阀门、拦污栅、启闭机及其他金属构件的安装工程量,应包括本体、附件及埋件,并按设计图纸及相应的计量单位分别计算。

七、设备安装工程

(1)港口装卸、配套设备安装工程量,应按不同的规格、能力、高度及重量,分别以台、套或重量计算。

(2)航运枢纽设备、修造船厂设备安装工程量,按其不同的规格、能力及结构形式,分别以台、套、扇或重量计算。

(3)启闭机与电气设施安装工程量应按设计图示数量计算。启闭机电动机接线端子以内应按启闭机安装计算;启闭机设备主体第一个外接法兰或管接头以外的管道铺设以及设备用油应单独计算。启闭机设备的轨道铺设应单独计算。

(4)航运枢纽发电主要设备,由设备本体和附属设备及埋件组成,其安装工程量应按设计图示数量计算。航运枢纽滑触线、水力机械辅助设备、发电电压设备、发电机—电动机静止变频启动装置、发电电压母线、接地装置、高庄电气设备、一次拉线、控制保护测量及信号系统设备、直流系统设备、电工试验室设备等其他机电设备安装工程量,应按设计图示数量计算。

(5)用电系统设备、照明系统、电缆敷设、计算机监控系统设备、计算机管理系统设备、工业电视系统设备、通信系统设备、消防系统设备、通风空调采暖及其监控设备、机修设备、电梯设备等其他机电设备安装工程量应按设计图纸计算。

(6)航运枢纽安全监测设备安装工程量应按各种仪器设备的种类规格分别计算。

八、其他工程

(1)土工织物、尼龙编织布及竹笆、荆笆的铺设工程量,应按设计图纸以覆盖面积计算;材料搭接工程量可在工程单价中考虑。

(2)栽植树木、乔灌木、竹类、攀缘植物、水生植物等工程量,应按设计图示品种以数量或面积计算。栽植绿篱类工程量,应按设计图示品种以长度计算;栽植片植绿篱、色带、花卉及植草等工程量,应按设计图示品种以面积分别计算。

(3)伐树及挖树根工程量,树身直径在 0.20m 以上的应按不同的树身直径,以棵计算。挖除树身直径在 0.20m 以内的小树及竹(苇)根,铲草皮等工程量,应按面积计算。

(4)拆除混凝土、钢筋混凝土、土石堤、围捻、砌体等工程量,应按体积计算。

(5)清理障碍物工程量,应按设计图示或实际测量结果按相应计量单位计算。

(6)拔钢板桩工程量应按不同桩长以根或重量计算。

(7)预应力锚索工程的工程量,应按嵌入结构体内的有效设计长度以根或重量计算。

思考题与习题

1. 水运工程计量应符合哪些规定？
2. 为什么说工程计量是工程费用控制的最重要的基本环节之一？联系实际说明之。
3. 允许进行工程计量的项目必须具备哪些条件？
4. 简述工程计量的依据有哪些？
5. 结合工作实际分析认识监理人在计量工作中的职责与权力。
6. 简述工程计量的方式和程序。
7. 简述工程计量的原则有哪些？
8. 如何处理工程计量与质量检验的关系？试举例说明。
9. 计量方法有哪些？并举例说明其适用范围。
10. 《中华人民共和国标准施工招标文件》(2007年版)，关于"单价子目"和"总价子目"的计量工作有哪些规定？
11. 简述工程量计算的一般规定包括哪些内容？
12. 简述工程量计算的主要依据包括哪些内容？

第五章 工程费用支付

[**本章内容要点**] 本章介绍水运工程建设项目工程费用支付控制的必要性、支付项目种类、支付原则、支付的职责与权限以及支付的内容。重点介绍工程量清单内和工程量清单外各种支付项目的内容、计算方法以及实际支付时的注意事项。

第一节 费用支付控制的必要性

费用支付控制是工程费用监理的两大关键工作之一，同时也是监理人控制施工活动的最后一个环节。费用支付控制的必要性简述如下：

一、资金运动的需要

承包人为保证施工生产的不断进行，必须具备一定数量的生产资料以及用于支付劳动工资和其他费用的货币，这些生产资料和货币的价值形态即为资金，是进行生产活动的物质基础和必要条件。在施工过程中，现场施工活动一旦开始就应连续进行，承包人利用他所能支配的各种资金，以一定的施工技术和组织方式使所有资金处于不断运动和转变形态的过程之中。这种过程就是资金运动。

施工活动中资金运动过程是否合理、可控，是施工阶段费用控制的基本问题。合同条件的有关规定以及发包人赋予监理人计量和支付的权力，都是为了保证实现一个合理、可控的资金运动过程，从而达到费用控制的目的。

（一）资金运动过程

施工活动中的物质运动无不反映为资金运动。资金运动过程一般可分为三个阶段。

1. 资金供应阶段

承包人从事水运工程项目永久工程的施工，其资金来源有三个方面：

(1) 承包人为实施本工程所投入的自有的各种形态的资金。一是以固定资金形态出现的机械、设备等，二是以流动资金形态出现的工具、仪器、部分材料、人力、技术和一定量的流通现金（即货币）。

(2) 承包人从发包人那取得的一定数额的工程预付款，也就是发包人为工程项目实施所投入的启动资金。

(3) 承包人为了弥补自身资金不足而借入的借贷资金。

承包人通过上述资金来源获得资金，用来进行施工活动的准备，在监理人下达开工令后立即开始永久工程的施工活动。

2. 资金形态转变阶段

承包人将其自有的和所能获得的货币资金分成三部分，一部分用于购买船机、机械设备或补偿其机械设备损耗，称为固定资金；一部分用于购买材料、工具，支付职工劳动工资，形成生产储备资金；还有一部分用于流通现金（作为差旅费、办公费、通信交通费用等）。

承包人的劳动资料在生产过程中不断损耗，而承包人的劳动对象在生产过程中则不断转变形态，由生产储备资金先变为在产品资金，再转变为成品资金。资金形态的转变过程如图 5-1 所示。

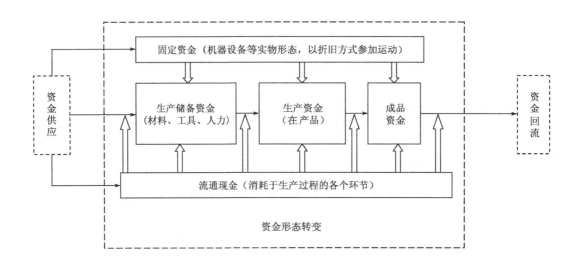

图 5-1 施工过程中资金形态转变示意图

3. 资金的回流阶段

通过最后的工程结算，成品形态的资金又回到货币资金形态。货币从流通领域进入生产领域，再流回流通领域，完成一个完整的资金周转和循环过程，这也就完成了施工活动的资金运动过程。资金形态的转变过程最终完成了资金的回流阶段，如图 5-1 所示。

（二）施工过程资金运动的特点

1. 资金运动并非是简单的循环和周转

在施工过程中，资金不仅发生价值形态的变化，而且价值量也发生了变化。在这一过程中，承包人偿还了发包人支付的预付款，补偿了固定资金的损耗、流通现金的损耗，支付了职工的工资，偿还了借入资金的本息，还取得了利润。承包人的资金价值量增大了，而发包人则获得了永久工程所带来的新增生产能力，取得了盈利的新来源。

2. 各阶段不同形态的资金并存并且运动连续

通过图 5-1 可以看出，在资金运动过程中各种形态的资金同时并存，既有生产储备资金，又有在产品资金，还有部分成品资金，这些不同形态的资金，其价值均被束缚在生产过程中，不能随意抽走;所投入的工、料、机所生产的构件,已完成的分部、分项工程都体现为一定的工程价值。每一形态的资金,又必须在运动中转变为下一个不同的资金形态,因此,施工过程中的资金运动又是连续的。

3. 资金的运动要求均衡

为了使再生产过程连续进行,承包人为永久工程投入的资金,采取分阶段结算的方式从发包人那里得到补偿(支付),用于后续工程的再投入,以这种阶段付款的方式实现其资金的周转。再投入与产出应基本均衡。这种均衡不仅在数量上承包人的投入加上发包人的支付要与施工进度相均衡,而且在时间上也应均衡。因此承包人在施工中每一阶段的投入,不仅靠发包人的上一期支付,还必须有其他来源的资金,使资金运动在数量上和时间上保持均衡。

4. 资金结构要合理

固定资金、流动资金及流通现金有各自运动的特点,在施工过程中应紧密结合在一起,形成合理的资金结构,才能保证资金运动正常进行。

二、商业行为的要求

工程承包本身就是商业行为,商人是最讲究经济效益的。在承包工程活动中的发包人和承包人都是独立的经济实体,有着各自的经济利益,都是为了实现各自的经济目标而参与工程活动的。因此,只有通过工程费用的支付,才能使他们公平地实现各自的经济利益。商业行为的根本目标是经济利益,它最终都必然经过费用的合理结算而结束。

三、工程施工的需要

工程施工是一种特殊的生产活动,在这一生产活动中,不能缺少资金,也无法离开工程费用的支付。水运工程本身的特点决定了生产的特点,因此,工程施工具有复杂性、风险性、周期长、费用巨大以及生产必须连续等特点。一般情况下,承包人无法而且也不愿单方承担施工过程中的所有风险,更无法垫付全部工程费用,如果发包人不及时支付工程费用,承包人将会出现资金周转困难,由于资金运动受阻,必然导致物质运动无法进行,使施工活动无法连续进行,从而最终影响发包人的利益。

物质运动和资金运动是施工生产过程中同一事物的两种表现形式。施工活动表现为物质运动,而其实质则是资金运动。物质运动是资金运动的载体,物质运动的好坏决定资金运动的好坏,而资金运动情况,也可反映物质运动的状况。这种资金运动和物质运动的一致性体现了施工生产过程中费用的实物形态与价值形态的本质联系,因此,监理人费用控制的经常性工作表现为对工程的计量和费用的支付。

承包人在施工中垫付大量的资金,他需要资金周转,如果上期已经垫付进去的资金不能及时收回,将会造成资金周转困难,自然会导致工程进展不顺利。从承包人的角度看,资金是垫支在前,收回在后,承包人的资金投入与收回之间有一个时间差。按照FIDIC合同条件规定,承包人完成的工程价值,从质量检验合格到拿到该工程的费用的最大滞后时间为56天。承包人总希望资金滞后过程尽量短,越短越好;反之资金回收越慢,承包人按计划进度施工所需筹措的资金就越多,他所承受的资金压力就越大。《中华人民共和国标准施工招标文件》(2007年版)规定,监理人应在收到承包人提交的工程量报表后的 7 天内进行复核,……监理人在收到承包人进度付款申请单以及相应的支持性证明文件后的 14 天内完成核查,……发包人应在监理人收到进度付款申请单后的 28 天内将进度应付款支付给承包人。对已经完成的工程从申请报验、计量到承包人收到工程款的最长时间是 35 天。

四、工程监理的需要

工程费用监理的核心工作就是工程计量和费用支付。由于承包人与发包人的经济利益目标不同,从而使他们在工程施工活动中处于不同的经济地位,要使他们按照共同的目标执行合同,就必须以费用支付为经济杠杆来协调他们的行为,使工程合同正常履行。因此,进行工程监理就必须进行工程费用的支付。只要有工程监理,就必须有费用支付。

五、合同的要求

工程费用的支付是工程合同的主要内容之一。承包合同是经济合同的一种,是由合同双方的经济目的而成立,因此,工程合同的全面履行必然有工程费用支付的要求。《中华人民共和国标准施工招标文件》(2007 年版)第 4.9 条规定:"工程价款应专款专用,发包人按合同约定支付给承包人的各项价款应专用于合同工程。"

第二节 费用支付种类

在工程费用监理过程中,监理人处理工程费用支付就是根据确认的工程量或工作量,按合同文件规定的价款及方法付款给承包人的过程。不同种类的支付分别有不同的支付程序和办法。依据支付的时间、内容和合同的执行情况有三种不同的支付分类办法。

一、按时间分类

工程费用支付按时间分类可分为:前期支付、进度款支付、竣工结算支付、最终结清支付。

1. 前期支付

前期支付是指开工之前的费用支付,有预付款、履约保函手续费和保险手续费等的支付。其中预付款是由发包人提供给承包人的无息贷款,按一定的费用标准支付,并按一定的条件扣回。

2. 进度款支付

进度款支付又称为阶段付款或者中期支付,是指在施工过程中,根据被批准的承包人的支付申请,按合同文件的有关条款,对承包人已完成的工程进行的付款。一般按月进行,由监理人开具进度款支付证书来实施,其支付内容有工程进度款、暂列金额、计日工、工程变更费用、索赔费用、价格调整费用、质量保证金、迟付款利息、对指定分包人的支付等项目。

3. 竣工结算支付

合同工程项目通过竣工验收,工程质量验收合格,发包人同意接受工程并交付使用,同时颁发工程接收证书。费用支付进入竣工结算阶段,承包人应按专用合同条款约定的份数和期限向监理人提交竣工结算付款申请单,并提供相关证明材料。通过监理人的审核和审查,发包人委托工程造价咨询机构进行竣工结算的专项审计,最终确定工程造价。除专用合同条款另有约定外,竣工结算付款金额是竣工结算合同总价扣除发包人已支付承包人的工程价款和扣留的质量保证金后的剩余金额。

4. 最终结清支付

最终结清支付是发包人与承包人之间的最后一次结算,也就是在签发"工程保修终止证书"后,根据承包人的申请,按合同文件的有关规定,付清全部工程款。正因为它是正常履行合同的最后一次支付,所以监理人必须确认承包人的遗留工程及缺陷工程已完成并达到本项目合同标准后,准确无误地签发最终结清支付证书。

二、按支付的内容分类

按支付的内容可分为工程量清单内的支付和工程量清单外的支付两种。工程量清单内的支付就是监理人首先按照合同条件、技术规范和工程量清单的有关规定进行计量,确认已完成的实际工程量,然后根据已经确认的工程数量和报价单中的报价,计算并支付工程量清单中的各项工程费用,因此简称为清单内支付。工程量清单之外的支付就是监理人按照合同条件的规定,根据工程实际进展情况及日常记录,对工程量清单以外的各项费用进行计算和支付,简称清单外支付。不管是清单内还是清单外的所有支付内容,都必须是合同中规定的支付项目和内容。

清单内支付在支付总额中所占比例较大,是主要支付,由于它在合同文件中规定得比较明确,因此操作起来比较容易。清单外支付在支付总额中所占比例较小,但支付难度较大,头绪也比较多。这是因为合同文件中无法对这些项目作出准确估计和详细规定,发生这些支付取决于多方面的情况,例如,工程施工过程中遇到的各种客观意外情况和工程管理中发生的各种问题,法规变动、物价涨落等政治、经济和社会环境的影响。由此可见,清单外支付是否合理、准确,完全取决于监理人对合同条件的正确理解以及是否及时掌握了现场实际情况。

三、按合同执行情况分类

支付按合同执行情况可分为正常支付和非正常支付两类。正常支付是指发包人与承包人双方共同努力使整个合同得以顺利履行而产生的支付。非正常支付是指由于一些非正常情况导致合同无法继续履行而出现的支付,也称合同中止支付,如工程遇到战争、骚乱等合同规定的特殊风险,承包人违约及发包人违约等原因导致合同中止的支付。无论何种原因导致合同中止,监理人都应该按照合同条件、技术规范等有关文件的规定处理好各项费用的支付。

第三节 费用支付职责与权限

工程费用支付就是承包人根据合同条件的规定向监理人提出付款申请,并提供月结账单等证明材料,监理人审核并经发包人同意后开具付款证书,发包人在规定时间内向承包人付款的过程。

毫无疑问,工程费用支付是工程费用监理的最后一道工序,也是监理人进行合同管理的最后一个环节,因此,费用支付就成为最终落实发包人与承包人经济利益的关键工作。工程费用支付在支付的范围、条件和方式等方面,《中华人民共和国标准施工招标文件》中的通用合同条款都有具体的规定,所以,为了有效地搞好整个监理工作和圆满完成费用监理的任务,必须根据合同条件的规定明确监理人在工程费用支付中的职责与权限。

一、工程费用支付的职责

监理人在工程费用支付中的职责就是定期(一般按月进行)审核承包人的各类付款申请,为发包人提供付款凭证,保证发包人对承包人的支付公平、合理。具体的职责就是审核付款申请和开具付款证书。一方面,监理人必须按时处理承包人的付款申请,以便承包人能够及时获得各种应得款项;另一方面,监理人还必须根据合同文件的要求和原则认真进行审核,开具付款证书,向发包人证明承包人在本阶段所完成各项工程的实际价值。这就要求监理人站在公正的立场,确保发包人和承包人双方的经济利益。

二、工程费用支付的权限

工程费用支付是监理人在发包人明确授权的范围内,直接运用合同的规定,通过计量和支付手段进行的费用控制活动。发包人聘请监理人对工程实施监督、管理,其授权方式有两种:

(1)全面授权。即按工程量清单上的项目进行的进度款支付,是以监理人的计量结果、合同规定的单价或者费用为依据计算的支付项目,发包人对于这种支付一般全面授权给监理人。因为这种支付发生争议的可能性不大,发包人也需要通过监理人的进度款支付来约束承包人全面履行合同义务。

合同中预付款的支付和扣还,也只是程序问题,监理人在合同通用条件和专用条件的有关规定下进行监督、审查,按程序支付和扣还,发包人同样是全面授权的。

质量保证金的扣留是程序问题,而质量保证金的退还是由监理人把关的,发包人往往也全面授权给监理人。

(2)有限授权。即发包人在施工阶段聘请监理人进行费用控制,而合同条件中明确指出:由发包人主办工程,发包人对永久工程项目投资活动的成败负有全部责任,发包人是施工阶段全部活动的施控主体。因此,除了在程序性控制工作之外,发包人对涉及费用变动的问题必然对监理人的权力具有有限授权的一面。即使在程序性控制的全面授权中,发包人对监理人费用监理的基础工作——质量检查和计量工作仍然要进行必要的检查和监督。

在涉及费用变动的支付中,发包人往往采取有限授权的办法来限制监理人的权力,以使实际工程费用不致超出其可接受的一定范围。发包人对监理人在费用变动方面的有限授权具有普遍性,然而授权范围的大小,对不同的具体合同却有很大差别。授权的限制程度与发包人的资金状况、发包人对监理人能力的信任以及承包人的素质情况等多种因素有关。

三、《水运工程施工监理规范》的规定

根据《水运工程施工监理规范》,将监理人在费用支付方面的权限归纳如下:

(1)审查、签发进度款支付证书,合同得到正常履行的最终支付证书以及合同中止后任何款项的支付证书。进度款支付申请应以核实的工程量和工程费用为准,由总监理工程师签认。进度款支付应依据合同文件的规定扣除工程预付款等。

(2)对不符合合同和技术规范要求的工程细目和施工活动,有权暂时拒绝支付,待上述细目和活动达到要求后再予支付。

(3)因工程变更、物价和费率调整等原因引起工程费用的变化,应按合同文件规定,与发包人和承包人协商确定新的工程费用,并签认变更支付申请。

(4)根据合同文件的规定,对承包人提出的索赔报告进行审查,或对承包人造成的工程损失进行测算,并经发包人和承包人协商一致后签认索赔费用。

第四节 费用支付的原则

工程费用支付的目标是组织和协调好发包人与承包人之间的收支行为,使他们双方发生的每一笔工程费用都符合合同的要求,而且公平合理。为了达到这一目标,监理人就必须站在公正的立场上,不偏不倚,客观、准确地评价承包人的施工质量,认真进行工程计量,仔细计算各项工程费用,及时地签发付款证书,一方面使承包人及时得到费用补偿,另一方面使已支出费用的发包人能按时得到质量合格的工程实体。由此可见,监理人在工程费用支付中责任重大,为了真正做好这一工作,监理人必须遵循以下基本原则。

一、支付必须以工程计量为基础

准确的实际工程量只有通过计量才能获得。对于单价合同,计量是支付的基础。可以说,没有准确的计量就不可能有准确的支付。由于工程计量最根本的前提是工程质量必须合格,所以工程费用的支付就必须在质量监理和准确计量的基础上进行。因此,在费用支付过程中,应当对这两个环节的工作进行严格检查和认真分析,以确保费用支付准确可靠。

二、支付必须以《水运工程工程量清单计价规范》为依据

《水运工程工程量清单计价规范(JTS 271—2008)》第 4.0.1 条规定:"实行工程量清单计价招标投标的水运工程,其招标标底和投标报价的编制、合同价款的确定与调整、工程价款的结算均应按本规范执行。"可见,发包人在招标时按照《水运工程工程量清单计价规范(JTS

271—2008）》编制工程量清单，承包人在投标报价时也是按照《水运工程工程量清单计价规范（JTS 271—2008）》的要求进行竞争报价的。签订合同时承包人的工程量清单报价是工程承包合同的重要组成部分，监理人在进行工程计量时同样也是按照《水运工程工程量清单计价规范（JTS 271—2008）》和合同文件的要求进行计量的。因此《水运工程工程量清单计价规范（JTS 271—2008）》是费用支付时的依据。工程量清单编制说明、清单项目的工程量和特征描述、工程量计算规则等等都是招标文件中的核心文件，直接体现买、卖双方的权利和义务。对于报价单中没有单价的工程细目，其单价为零，但承包人必须完成合同文件和图纸所规定的全部工作内容并达到规定的要求。因为根据工程量清单计价规范的规定，对于某些没有单价的工程细目，其费用已作为摊销费摊入到其他细目的单价之中。对于有单价的工程细目，则以此单价计算工程费用，但应注意其单价的包容程度。单价的包容程度一方面是指单价的价值构成，另一方面是指单价中所包含的工程或工作内容。

单价的价值构成是指为完成工程量清单中一个质量合格的规定计量单位项目所需的直接费、间接费、利润和税金，并考虑风险因素的价格。

单价所包含的工程或工作内容是指该计量单位项目的特征描述所规定应包含的内容。工程量清单中的每一个工程项目，都会有一定的概括性、包容性。概括和包容得最完整的是一些包干的工作项目——工作包干或费用包干。

三、支付必须坚持合同条款和日常记录相结合

对于一个整体工程项目，除了工程量清单内的常规支付外，还有许多工程量清单以外的费用需要支付，这些支付费用在招标时往往无法准确估计或者根本不可能预先估计的，无法在工程量清单中一一予以列明。但是，这些费用的支付又是工程费用支付中极其重要的内容，通常要花费监理人大量的精力。例如，物价上涨或新的法规的颁布、工程变更、索赔等费用支付在工程量清单中没有，也无法明确，但在合同条款中给出了明确的规定。驻地监理人员只有将合同条款的规定与工程实施中的日常记录结合起来，方能搞好这些费用的支付工作。

四、支付必须及时

工程费用支付是资金运动中的一个环节，而且还是关键环节。资金的运动，其本质特征之一就是资金具有时间价值，因此，资金运动的内在规律和特征要求监理人按时签认和支付工程费用。同时，工程施工活动的特点也决定了要进行进度款的支付，其原因在于施工生产需要占用大量的资金，而承包人没有能力或不愿意垫付如此巨大的资金。因此，监理人必须按时进行工程费用的支付。

除此之外，工程费用结算的特点决定了必须由监理人出具其签认的支付证书。及时支付工程费用不仅是合同本身的要求，它还是财务部门和银行结算的要求。

五、支付必须遵循严格的程序

工程费用的支付必须遵循严格的程序。为了确保工程费用支付的合理性、合法性和准确性，每个工程项目的合同文件都对费用支付作出了严格的规定。这些程序具体规定了各

项费用的支付条件、支付方法和申报、计算、复核、审批等要求,因而,从组织上和技术上确保支付质量。

第五节 清单内项目支付

清单内项目支付的项目包括分项工程项目、一般项目、计日工项目三种。结合工程费用支付的主要形式,本节仅对进度款支付、竣工结算支付、最终结清支付、一般项目支付和计日工支付作详细介绍。

一、进度款支付

进度款支付一般以月(或者合同约定时间)为时间间隔,亦称中期支付。虽然,其支付内容非常广泛,但都是按照工程量清单计价规范的要求进行的。

(一)进度款支付的性质

在工程项目建设中采用进度款支付,是由资本商品购建活动特点决定的。招、投标阶段只解决了资本商品的购买意向问题,发包人尚未见到永久工程实体,只有在履行合同过程中,发包人才能购到某分项工程、某分部工程、某单位工程,直至最终才能买到全部永久工程。正因为工程项目的购买特点是先销售、后施工,所以发包人在见到全部永久工程之前始终处于不放心状态,在每次进度款支付前,发包人都要得到确认承包人确实完成了实际工作的证明。进度款支付,就是发包人分次购买商品的付款,必须以见到实物为前提。

(二)进度款支付的内容

承包人在向监理人提交的支付申请中,所包括的是这一个月完成施工任务的全部工作,以及为这些工作他有权获得的款额。支付主要内容包括:
(1)本月已完成的永久工程价值;
(2)所完成工程量清单中其他表列项目的价值;
(3)按照合同规定他有权得到的其他费用。

(三)进度款支付的程序

1. 进度款支付申请

承包人应在每个付款周期末,按监理人批准的格式和专用合同条款约定的份数,向监理人提交进度付款申请单,并附相应的支持性证明文件。除专用合同条款另有约定外,进度付款申请单应包括下列内容:
(1)截至本次付款周期末已实施工程的价款;
(2)根据合同条款应增加和扣减的变更金额;
(3)根据合同条款应增加和扣减的索赔金额;
(4)根据合同条款约定应支付的预付款和扣减的返还预付款;
(5)根据合同条款约定应扣减的质量保证金;

(6)根据合同条款应增加和扣减的其他金额。

2. 进度款支付的审定

监理人应在合同规定的时间内对承包人的付款申请进行审定。

(1)付款申请的格式和内容应满足合同要求;

(2)各项证明文件及有关手续齐全;

(3)核对当月完成的工程量;

(4)核对根据合同条款应增加和扣减的费用;

(5)审核并修正承包人的支付申请,将需扣留、扣回和扣减款项从承包人应得金额中扣除后,计算付款净金额;

(6)将付款净金额与合同中规定的进度款支付的最小限额相比较(每次进度款支付的最低限额通常为合同总价的2%左右),若净金额大于最小限额,监理人应向发包人签发《进度款支付证书》,副本抄送承包人;若净金额小于最小限额,则暂不签发进度款支付证书,转入下期支付一并签发;

(7)对前期已支付的工程款项发现的问题或前期支付证书的错误进行纠正;

(8)审查无误后计量监理工程师签字。

审核中若发现所列出的数量不正确或者任何一个工程项目的质量不符合要求,则可调整承包人的付款申请表。

3.《进度款支付证书》的签发

监理人在接到承包人的进度款支付申请后,应及时审核付款申请,并在合同规定的时间内,由总监理工程师复核审查无误后签发进度款支付证书。

4. 发包人付款

发包人应及时审定支付款额,在合同规定的时间给承包人付款。

(四)关于进度款支付的若干规定

《中华人民共和国标准施工招标文件》中的通用合同条款第17.3.3条和第17.3.4条,关于工程进度付款证书和支付时间明确规定如下:

(1)监理人在收到承包人进度付款申请单以及相应的支持性证明文件后的14天内完成核查,提出发包人到期应支付给承包人的金额以及相应的支持性材料,经发包人审查同意后,由监理人向承包人出具经发包人签认的《进度款支付证书》。监理人有权扣发承包人未能按照合同要求履行任何工作或义务的相应金额。

(2)发包人应在监理人收到进度付款申请单后的28天内,将进度应付款支付给承包人。发包人不按期支付的,按专用合同条款的约定支付逾期付款违约金。

(3)监理人出具《进度款支付证书》,不应视为监理人已同意、批准或接受了承包人完成的该部分工作。

(4)进度付款涉及政府投资资金的,按照国库集中支付等国家相关规定和专用合同条款的约定办理。

(5)在对以往历次已签发的《进度款支付证书》进行汇总和复核中发现错、漏或重复的,监理人有权予以修正,承包人也有权提出修正申请。经双方复核同意的修正,应在本次进度付款中支付或扣除。

《水运工程标准施工招标文件》中专用合同条款第17.3条规定:

(1)工程进度支付的方式和时间。按照月度工程计量的____%(不少于80%)支付;当工程款支付达到合同总价____%(不少于80%)时,停止支付;待工程全部竣工验收合格后支付至全部工程结算值的95%;尾款5%待工程缺陷责任期满60天内付清。尾款不计利息。

(2)若发包人在合同约定的支付限期满14天后未予支付,承包人可向发包人发出催付款的通知,发包人在收到承包人通知后仍不能按要求支付,承包人可在发出催付款通知14天后暂停施工,发包人承担延期支付的利息和违约责任以及停工损失。

月进度款支付审批的程序如图5-2所示。

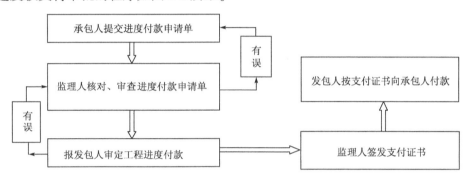

图5-2 进度款支付审批程序示意图

二、竣工结算支付

《中华人民共和国标准施工招标文件》中的通用合同条款第17.5条关于竣工结算支付规定如下:

1. 竣工付款申请单

(1)工程接收证书颁发后,承包人应按专用合同条款约定的份数和期限向监理人提交竣工付款申请单,并提供相关证明材料。除专用合同条款另有约定外,竣工付款申请单应包括下列内容:竣工结算合同总价、发包人已支付承包人的工程价款、应扣留的质量保证金、应支付的竣工付款金额。

(2)监理人对竣工付款申请单有异议的,有权要求承包人进行修正和提供补充资料。经监理人和承包人协商后,由承包人向监理人提交修正后的竣工付款申请单。

2. 竣工付款证书及支付时间

(1)监理人在收到承包人提交的竣工付款申请单后的14天内完成核查,提出发包人到期应支付给承包人的价款清单送发包人审核并抄送承包人。发包人应在收到后14天内审核完毕,由监理人向承包人出具经发包人签认的竣工付款证书。监理人未在约定时间内核查,又未提出具体意见的,视为承包人提交的竣工付款申请单已经监理人核查同意;发包人未在约定时间内审核又未提出具体意见的,监理人提出的发包人到期应支付给承包人的价款视为已经发包人同意。

(2)发包人应在监理人出具竣工付款证书后的14天内,将应支付款付给承包人。发包人不按期支付的,按合同条款的约定,将逾期付款违约金支付给承包人。

(3)承包人对发包人签认的竣工付款证书有异议的,发包人可出具竣工付款申请单中承包人已同意部分的临时付款证书。存在争议的部分,按合同条款中有关争议事项解决条款的约定办理。

(4)竣工付款涉及政府投资资金的,按相关合同条款的约定办理。

三、最终结清支付

《中华人民共和国标准施工招标文件》中的通用合同条款第17.6条关于最终结清支付规定如下:

1. 最终结清申请单

(1)缺陷责任期终止证书签发后,承包人可按专用合同条款约定的份数和期限向监理人提交最终结清申请单,并提供相关证明材料。

(2)发包人对最终结清申请单内容有异议的,有权要求承包人进行修正和提供补充资料,由承包人向监理人提交修正后的最终结清申请单。

2. 最终结清证书和支付时间

(1)监理人收到承包人提交的最终结清申请单后的14天内,提出发包人应支付给承包人的价款清单送发包人审核并抄送承包人。发包人应在收到后14天内审核完毕,由监理人向承包人出具经发包人签认的最终结清证书。监理人未在约定时间内核查,又未提出具体意见的,视为承包人提交的最终结清申请已经监理人核查同意;发包人未在约定时间内审核又未提出具体意见的,监理人提出应支付给承包人的价款视为已经发包人同意。

(2)发包人应在监理人出具最终结清证书后的14天内,将应支付款支付给承包人。发包人不按期支付的,按相关合同条款的约定,将逾期付款违约金支付给承包人。

(3)承包人对发包人签认的最终结清证书有异议的,按合同条款中有关争议事项解决条款的约定办理。

(4)最终结清付款涉及政府投资资金的,按相关合同条款的约定办理。

四、一般项目支付

《水运工程工程量清单计价规范(JT S271—2008)》的一般项目清单中列入了暂列金额、规费、保险费、安全文明施工费、施工环保费等16个项目,计量单位均以"项"计算。在一般项目中暂列金额的大小是由招标人确定,规费和安全文明施工费必须按国家有关部门的规定计算,在投标时属于不可竞争费用。

(一)暂列金额支付

1. 暂列金额的定义和性质

暂列金额是指已标价工程量清单中所列的暂列金额,用于在签订协议书时尚未确定或不可预见变更的施工及其所需材料、工程设备、服务等的金额,包括以计日工方式支付的金额。在《水运工程工程量清单计价规范(JTS 271—2008)》中暂列金额被列入一般项目清单,项目编号是 10 010 0101 000。可见暂列金额具有不可预见费(或者备用金)的性质。

2. 暂列金额的使用权

暂列金额只能按照监理人的指示和决定动用,是由监理人直接控制的,因此,未经监理人的批准,承包人对暂列金额项目进行的任何工作均不予支付。

动用暂列金额时,监理人应审批承包人提交的相应工程的施工组织计划及其所需的人工费、材料费、机械台班费、设备费及相应的计算说明,并与发包人就暂列金额的支付进行协商。如果该款项全部或部分未经动用,则应从合同价格中减去未动用的暂列金额。

3. 暂列金额的执行者

动用暂列金额进行的工作由承包人或指定的分包人完成。

4. 暂列金额的支付条件

根据监理人的要求,承包人应提交有关暂列金额项目开支的全部报价、发票、凭证、账目和数据,经审核后,监理人才能开具相应的支付证书,给予费用支付。

5. 暂列金额的支付价格

暂列金额项目的支付价格有两种方式,一是按工程量清单的报价和标书附录中的费率或价格支付,如果由指定的分包人完成这些工作,则按照分包合同 FIDIC 第 59 条第 2 款规定的办法进行支付;二是按计日工的计价方式进行支付。

(二) 其他项目支付

在一般项目中暂列金额的大小是由招标人确定的。其他项目是由投标人结合自身的具体情况进行竞争报价,这些项目的费用支付,通常可以结合工程施工的实际完成情况或者形象进度进行支付。其中规费、保险费、安全文明施工费、施工环保费四项费用是不可竞争费用,应该根据政府有关职能部门的规定和实际发生的费用进行支付;生产及生活房屋、临时道路、临时用水、临时通信、临时用地、临时码头、预制厂建设、临时工作项目、临时用电等项目都是为了完成工程项目所采取的临时设施项目,在支付时可以控制在项目总金额以内,按照实际(或者形象)进度的完成情况支付,有复耕要求的必须扣除复耕需要的费用,复耕任务完成后付清费用;施工措施项目费用可以按照形象进度的完成情况支付;竣工文件编制项目费用可以在竣工结算支付时进行支付。

五、计日工项目支付

计日工也是工程量清单中标明的支付项目,根据合同条件规定,监理人可指令承包人按计日工完成特殊的、较小的变更工程或附加工程。因此,计日工具有暂列金额性质。

凡以计日工的形式进行的工程,必须有监理人的指令。未经监理人批准,承包人不得以计日工的形式进行任何工作,当然,发包人也不会支付任何款项。

监理人指令使用计日工时,要认真、负责的检查、旁站、记录,承包人应每日填写有关该计日工工程的下列报表,一式两份送监理人审查,经监理人签认后方为有效。

(1) 用工清单。包括从事该项工程的人数、工种和工作时间。值得注意的是,用于计日工的劳动力,未经监理人的同意不得加班,否则,不支付加班费用。

(2) 材料清单。包括材料名称、单位、单价和实际数量。未经监理人认可的材料不得使用。

(3) 机械、设备清单。包括机械、设备类型、实际使用工时和单价。用于计日工的施工机械应由承包人提供,因故障或闲置的施工机械不支付费用。

(4) 费用清单。监理人应根据承包人在投标文件中列出的计日工劳务、计日工材料、计日工机械与设备的单价计算其费用,汇总形成费用清单,并附上证明其价值的收据和凭证等资料。必须注意,除非监理人在使用计日工之前同意,否则计日工工作承包人无权任意分包。

第六节 清单外项目支付

工程费用支付除了清单内项目支付外,还有许多其他的支付项目,它们虽然没有列在工程量清单内,但均属工程承包合同条件规定的支付范围,我们将这些支付内容统称为清单外项目支付。

尽管它在工程费用支付中所占比例较小,但其灵活性比清单内项目支付大,比较难以把握和控制,这些内容的支付是监理人费用监理工作中的重点和难点。

清单外项目支付一般包括:预付款支付、质量保证金支付、变更费用支付、索赔费用支付、价格调整费用支付、逾期竣工违约金支付、提前竣工奖金支付、逾期付款违约金支付等共八项。其中索赔费用的支付在第六章介绍。

一、预付款支付

(一) 预付款的定义

预付款是发包人提供给承包人用作开办费用的款项,是使承包人在合同签约后尽快动员,做好施工准备,并用于工程初期各项费用支出的一笔费用。承包人在合同签约后,为做好施工准备,需要大量的资金投入,在得到发包人第一次进度款支付前,这些资金全靠承包人垫付。由于工程项目投资巨大,一般承包人是难以承受的。此时,发包人为了工程能顺利开展,除了做好施工场地准备之外,也愿意帮助承包人尽快开始正常施工。发包人对承包人的这一支持符合双方利益,有助于施工活动形成合理的资金运动过程。

《中华人民共和国标准施工招标文件》中的通用合同条款第17.2.1条规定,预付款用于承包人为合同工程施工购置材料、工程设备、施工设备、修建临时设施以及组织施工队伍进场等。预付款的额度和预付办法在专用合同条款中约定。预付款必须专用于合同工程。

(二) 预付款的性质

发包人要求承包人提交履约保函是承包人对发包人的承诺,承包人中标后得到发包人支付的预付款,也表示发包人对承包人的一种承诺,对购销双方的交易活动都是正常的。工程项目动员预付款既是发包人对承包人的承诺,又是发包人对承包人的支持。预付款的支持性与承诺性决定了它是无息的,是有借有还的。《中华人民共和国标准施工招标文件》通用合同条款第 17.2.2 条关于预付款保函提出了明确规定:"除专用合同条款另有约定外,承包人应在收到预付款的同时向发包人提交预付款保函,预付款保函的担保金额应与预付款金额相同。保函的担保金额可根据预付款扣回的金额相应递减"。

(三)预付款额度

预付款的额度(占合同总价的比例)在招标文件或承包合同中有明确规定,一般规定的范围是合同价的 10% ~ 20% ,最多不超过合同价的 20%。

(四)预付款支付依据

根据合同通用条件规定,在承包人完成下述工作后的 14 天内,监理人应按投标书附件中规定的额度向发包人提交预付款支付证书,其副本交承包人保存。承包人应完成的工作内容:

(1)签订合同协议书;
(2)提交履约银行保函;
(3)提交预付款保函。

发包人在收到监理人开具的预付款支付证书后 14 天内核批,并采用进度款支付的形式支付给承包人。支付的货币种类按投标书附件的规定办理。

承包人在提交履约保函的同时,还应向发包人提交由国内银行,或外国银行通过其驻中国的银行,或承包人指定的、为发包人所接受的外国银行出具的不得撤销的、无条件的银行保函。银行保函的正本由发包人保存,该保函在发包人将预付款全部扣回之前一直有效,但其担保的金额将随着预付款的逐次扣回而减少。执行上述要求所需费用由承包人承担。

(五)预付款的扣回

《中华人民共和国标准施工招标文件》中的通用合同条款第 17.2.3 条规定:"预付款在进度付款中扣回,扣回办法在专用合同条款中约定。在颁发工程接收证书前,由于不可抗力或其他原因解除合同时,预付款尚未扣清的,尚未扣清的预付款余额应作为承包人的到期应付款"。预付款以逐次从进度款支付中扣除的方式通常有以下两种:

(1)按时间等额扣回。即规定在一定的时间内全部予以扣回。其扣回的时间开始于进度款支付证书中工程量清单项目累计支付金额超过合同总价 20% 的当月,止于合同规定竣工日期前 3 个月的当月。在这段时间内,从每月进度款支付证书中等额扣回。扣回的货币种类和比例与付款的货币种类和比例相一致。其计算公式为:

$$G = \frac{F}{E - (D - 1) - 3} \tag{5-1}$$

式中:G——每月扣除动员预付款数额;

F——已付预付款总额;

E——合同工期(月);

D——进度款支付证书中工程量清单项目累计支付额达到合同总价 20% 的时间(月)。

例 5-1 某建设工程项目合同价为 30 000 万元,合同工期为 36 个月,动员预付款在标书附录中规定的额度为合同价的 20%,到第 4 个月时累计支付工程款金额为 6 200 万元,试计算扣回动员预付款的金额。

解：已知 $D=4, E=36, F=30\,000 \times 20\% = 6\,000$（万元）

则 $$G = \frac{F}{E-(D-1)-3} = \frac{6\,000}{36-(4-1)-3} = 200 \text{（万元/月）}$$

答：前 3 个月不扣，从第 4 个月开始每月扣回动员预付款为 200 万元，30 个月内扣完。

(2) 按当月支付金额的比例扣回。即在一定的工程支付金额范围内予以扣回。扣回的时间同样开始于进度款支付证书中工程量清单项目累计支付金额超过合同总价的 20% 的当月，但止于支付金额累计达合同总价 80% 的当月。在此期间，按进度款支付证书当期完成的工程款占合同总价 60% 的比例予以扣回。扣回的货币种类和比例与付款时的货币种类和比例相一致。计算公式为：

$$G = M \times B / (\text{合同价} \times 60\%) \tag{5-2}$$

式中：G——在进度款支付证书中应该扣回预付款的数额；

M——进度款支付证书当期完成的工程量清单项目金额；

B——已付预付款金额。

第一种方法，每月的扣回额度是不变的，与每期应支付的工程款多少没有关系，因而简单易掌握。但是，当工程进度缓慢或因其他原因工程款支付不多的情况下，会出现扣回额大于或接近工程款支付额，而使进度款支付证书出现负值或接近于零。第二种方法是按支付金额的比例予以扣回，即规定在一定的工程支付金额范围内予以扣回。这种方法与每期应支付的工程款有直接关系，每次扣回金额随每次的工程支付额不同而改变，每次都需要计算，比较麻烦。但是，相对于按月等值扣除的方法要合理些。也就是说，工程项目完成额多，则多扣，完成额少，则少扣。

二、质量保证金支付

(一) 质量保证金定义

质量保证金是发包人持有的一种保证。为了确保在工程建设中和竣工移交后一段时间内承包人仍然能够完全履行合同义务（修补工程缺陷的义务），使永久工程能正常运用，监理人根据合同条件的规定，从支付给承包人的款项中替发包人暂时扣留的一种款项。《中华人民共和国标准施工招标文件》中的通用合同条款第 1.1.5.7 条规定，质量保证金（或称保留金）是指按《中华人民共和国标准施工招标文件》通用合同条款第 17.4.1 项约定用于保证在缺陷责任期内履行缺陷修复义务的金额。

(二) 质量保证金的性质

设置质量保证金的目的在于使承包人能完全履行合同。如果承包人未能履行合同中规定应承担的责任，则扣除质量保证金成为发包人的财产，监理人可以用质量保证金支付属承包人义务而发生的费用。

从另一个方面讲，质量保证金对承包人的意义重大。对资金运动过程分析可见，承包人在每次进度款支付中都可以分离出一定的利润，但在资金需求量大的时候，为了顺利地进行施工，他将所分离出的利润再投入下一阶段工程施工，可以改善其资金状况。直到工程后期，其资金状况明显好转,逐渐集中分离利润,到竣工时,发包人所扣留的质量保证金总额几乎可以说全都是承包人的纯利润。这部分款项能否尽早取走,对承包人十分重要。因此,质量保证金对承包人在缺陷责任期继续履行合同义务具有很强的约束。

(三)质量保证金的扣留

(1)根据合同条件的规定,扣除质量保证金的总额为合同总价的5%。

(2)从第一次工程量清单项目支付开始,发包人每次从付给承包人的款额中,按其中永久性工程付款金额的10%扣留,直到累计扣留总额达合同总价的5%为止。所谓永久性工程通常可以理解为工程量清单中所有分项工程的总和。

(3)如果合同规定承包人在提交第一次付款申请,或者在此之前提交一份由发包人认可的银行保函,其担保金额为合同总价的5%时,可不扣质量保证金。则监理人就不再替发包人从《进度款支付证书》中扣留质量保证金。

(4)《中华人民共和国标准施工招标文件》中的通用合同条款第17.4.1条规定:"监理人应从第一个付款周期开始,在发包人的进度付款中,按专用合同条款的约定扣留质量保证金,直至扣留的质量保证金总额达到专用合同条款约定的金额或比例为止。质量保证金的计算额度不包括预付款的支付、扣回以及价格调整的金额"。

(四)质量保证金的退还

如果承包人按期完成全部工程并通过验收,发包人可以分两次将质量保证金退还给承包人。第一次,当颁发整个工程的交接证书时,监理人应开具退还一半质量保证金的证明书,在退还的质量保证金中应当扣除已经使用的质量保证金金额,发包人根据监理人开具的支付证书,向承包人退还质量保证金。第二次,当合同工程项目的缺陷责任期满时,另一半质量保证金将由监理人开具证书退还给承包人,同时扣除已使用的质量保证金金额。

《中华人民共和国标准施工招标文件》中的通用合同条款第17.4.2条规定:"在第1.1.4.5目约定的缺陷责任期满时,承包人向发包人申请到期应返还承包人剩余的质量保证金金额,发包人应在14天内会同承包人按照合同约定的内容核实承包人是否完成缺陷责任。如无异议,发包人应当在核实后将剩余保证金返还承包人"。

《中华人民共和国标准施工招标文件》中的通用合同条款第17.4.3条规定,在约定的缺陷责任期满时,承包人没有完成缺陷责任的,发包人有权扣留与未履行责任剩余工作所需金额相应的质量保证金余额,并有权根据第19.3款约定要求延长缺陷责任期,直至完成剩余工作为止。按照第19.3款约定:"由于承包人原因造成某项缺陷或损坏使某项工程或工程设备不能按原定目标使用而需要再次检查、检验和修复的,发包人有权要求承包人相应延长缺陷责任期。但缺陷责任期最长不超过2年。"

缺陷责任期自实际竣工日期起计算。在全部工程竣工验收前,已经发包人提前验收的单位工程,其缺陷责任期的起算日期相应提前。《水运工程标准施工招标文件》的专用合同条款19.1款规定:(1)疏浚工程不设缺陷责任期;(2)水工工程缺陷责任期为一年;(3)其他工程由发包人设定。

(五)缺陷责任

《中华人民共和国标准施工招标文件》中的通用合同条款第19.2款规定,承包人应在缺陷责任期内对已交付使用的工程承担缺陷责任。在缺陷责任期内,发包人对已接收使用的工程负责日常维护工作,在使用过程中发现已接收的工程存在新的缺陷或已修复的缺陷部位或部件又遭损坏的,承包人应负责修复,直至检验合格为止。监理人和承包人应共同查清缺陷和(或)损坏的原因,经查明属承包人原因造成的,应由承包人承担修复和查验的费用;经查验属发包人原因造成的,发包人应承担修复和查验的费用,并支付承包人合理利润。承包人不能在合理时间内修复缺陷的,发包人可自行修复或委托其他人修复,属承包人原因造成的,应由承包人承担修复和查验的费用,属发包人原因造成的,发包人应承担修复和查验的费用,包括合理的利润。

三、逾期竣工违约金支付

由于承包人原因,未能按合同进度计划完成工作,或监理人认为承包人施工进度不能满足合同工期要求的,承包人应采取措施加快进度,并承担加快进度所增加的费用。由于承包人原因造成工期延误,承包人应支付逾期竣工违约金。逾期竣工违约金的计算方法在专用合同条款中约定。承包人支付逾期竣工违约金,不免除承包人完成工程及修补缺陷的义务。

逾期竣工违约金是承包人延误合同工期,使发包人造成损失而给予的一种赔偿,不是罚款。

1. 开、竣工日期

《中华人民共和国标准施工招标文件》中的通用合同条款第11.1款和第11.2款规定,监理人应在开工日期7天前向承包人发出开工通知。监理人在发出开工通知前应获得发包人同意,工期自监理人发出的开工通知中载明的开工日期起计算;承包人应在承包合同约定的期限内完成合同工程,实际竣工日期在接收证书中写明。

承包人完成合同工程或某区段或某单项工程的实际施工工期,开始于监理人发出的开工通知中载明的开工日期,终止于交接证书写明的竣工日期,按天计算。即:

$$实际施工工期(天) = 合同工期 + 批准的延长工期 + 竣工逾期工期 \quad (5\text{-}3)$$

$$逾期竣工时间(天) = 实际施工工期 - 合同工期 - 批准的延长工期 \quad (5\text{-}4)$$

如果在合同工程竣工之前,已对合同工程内的某区段或单项工程签发了交接证书,且上述交接证书中写明的竣工日期并未延误,而是合同工程中的其他部分产生了工期延误,则合同工程的逾期竣工违约金应予减少,减少的幅度按已签发交接证书的某区段或某单项工程的价值占合同工程价值的比例计算。但这一规定,不应该影响逾期竣工违约金的限额。

2. 逾期竣工违约金的限额

FIDIC合同条款常常规定,每拖期1天,赔偿合同总价的0.01%~0.05%,但赔偿总额不应超过合同总价的10%,这些都必须在招标文件和工程承包合同中明确规定。我国的《水运工程标准施工招标文件》(JTS 110-8—2008)在专用合同条款11.5.1款规定:"由于承包人原因造成工期延误,承包人应向发包人支付逾期竣工违约金。逾期竣工违约金的计算方法为:工期延误天数×P_1,其中P_1:_____。逾期竣工违约金累计最高不得超过合同总价的5%。"P_1数值的大小必须在专用合同条款中约定。

3. 逾期竣工违约金的支付

逾期竣工违约金应从承包人履约保证金或进度款支付证书或最终支付证书金额中扣除。但要注意,此项扣除不应解除承包人对完成该项工程的义务或合同规定的其他义务和责任。

四、提前竣工奖金支付

既然承包人拖延工期要支付违约金,那么,提前竣工承包人理应得到奖励。为了调动承包人的积极性,使其合理地加快工程进度,从而提前完成工程施工,使发包人提早收益,因此在合同条件中设立了与逾期竣工违约金相对应的提前竣工奖金。

根据通用合同条款的相关规定,承包人提前完成了合同工程或某区段或某单项工程,则发包人应按投标书附件中写明的奖励金额,向承包人支付提前竣工奖金。提前竣工时间＝合同工期－实际工期＋批准的延长工期,按天计算。提前竣工奖金不应超过投标书附件中写明的限额。监理人应在承包人提交的竣工结账单上核证,并开具付款证书。发包人在收到监理人签认的付款证书后,应付款给承包人。

《中华人民共和国标准施工招标文件》通用合同条款第 11.6 款规定,发包人要求承包人提前竣工,或承包人提出提前竣工的建议能够给发包人带来效益的,应由监理人与承包人共同协商采取加快工程进度的措施和修订合同进度计划。发包人应承担承包人由此增加的费用,并向承包人支付专用合同条款约定的相应奖金。

我国的《水运工程标准施工招标文件》(JTS 110-8—2008)在专用合同条款 11.6.1 款规定,"发包人_____(同意或不同意)向承包人支付提前工期奖。提前工期奖金的计算方法为:提前工期天数 $\times P_2$,其中 P_2:_____。提前工期奖金累计最高不得超过合同总价的 5%。" P_2 数值的大小必须在专用合同条款中约定。

五、逾期付款违约金支付

1. 关于逾期付款违约金的有关规定

如果发包人在合同规定的时间内没有向承包人付款,则发包人在以后除了按款额付款外,还应向承包人支付逾期付款违约金。逾期付款违约金常常按迟付款利息的方式计算,按合同文件规定的利率,从规定的付款截止日期起至恢复付款日止,按照日复利率计算利息。

显而易见,逾期付款违约金对于发包人来说是一种约束,监理人应督促发包人按合同有关规定,及时付款给承包人。《中华人民共和国标准施工招标文件》通用合同条款第 17.3 款规定,发包人应在监理人收到进度付款申请单后的 28 天内,将进度应付款支付给承包人;发包人不按期支付的,按专用合同条款的约定支付逾期付款违约金。

2. 计算公式

逾期付款违约金可按下式计算:

$$\mathrm{FKWYJ} = P[(1+r)^n - 1] \tag{5-5}$$

式中:FKWYJ——逾期付款违约金;
P——逾期付款的金额;

r——日复利率；

n——逾期付款天数。

关于日复利率 r，世界银行推荐值为 $0.033\% \sim 0.04\%$，具体多少应以合同文件的规定为准。逾期付款违约天数指发包人的实际付款时间超过规定进度款支付或最终支付的截止日期的天数。

3. 计算示例

例5-2 某工程项目第8期进度款支付证书，支付净额为5 650 000元，监理人于3月28日收到承包人的进度付款申请，监理人于4月7日发出支付证书，而发包人直到6月5日才支付该证书的付款，按照《中华人民共和国标准施工招标文件》通用合同条款第17.3款规定，如果 $r = 0.033\%$，那么这笔逾期付款违约金为多少？

解：(1)逾期付款天数计算。6月4天，5月31天，4月30天，3月3天。

$$n = (3 + 30 + 31 + 4) - 28 = 40 \text{ 天}$$
$$P = 5\,650\,000 \text{ 元}$$

(2)逾期付款违约金计算：

$$\begin{aligned} \text{FKWYJ} &= P \times [(1+r)^n - 1] \\ &= 5\,650\,000 \times [(1 + 0.033\%)^{40} - 1] \\ &= 75\,060 \text{ 元} \end{aligned}$$

答：应当支付逾期付款违约金75 060元。

六、工程变更费用支付

(一) 工程变更的性质

在施工过程中会遇到施工条件等不确定因素的种种变化，从而使工程项目的实施情况发生变化，或发包人为追求更加完美而变更设计，增添某些不足部分，删除某些多余部分；或者监理人按照现场实际情况指令承包人增添、删除、变更某些项目等，都是施工过程中经常发生的施工管理活动。由于多种不可预见的因素，任何工程项目在施工过程中都会遇到变更问题，因此，工程变更是不可避免的。

同时，工程变更又是可以预料的，它不同于意外情况。首先，对工程变更已在合同条件上有所准备。常常会在合同条件中规定，由于工程变更引起的费用变化在合同规定的范围内时，各项工作(工程变更内容)的单价不作调整，这是合同双方所做的约定。其次，对于工程变更，采取主动行动的主要是监理人。发包人提出的设计变更，监理人提出的现场变更，都是有准备的，是可控的行为。有些情况下承包人提出的变更常常是对工程项目有利的建议，尽管有时可能发生费用变化，一般情况下，监理人和发包人也会接受合理意见，愿意给予支付。再次，由于各方未能履行合同义务而发生的变更，在合同条件中也有相应规定，仍属可以控制的范围。最后，由于材料价格上涨，费率、汇率发生变化而导致费用变更，也可以事先约定价格调整方式而得以解决。

总之，工程变更一是不可避免，二是可以预料，这就要求监理人根据合同文件和工程实际情况妥善处理，否则，很可能导致承包人因变更提出工程索赔。

(二) 工程变更的内容

关于工程变更的内容和范围,常常会在合同条款中明确规定。根据规定,通过监理工程师的指令而进行的任何形式上的、质量上的、数量上的变动,既包括工程具体项目在某种形式上的、质量上的、数量上的变动,也包括合同文件在形式上的、质量上的、数量上的改动。在 FIDIC 合同条件下的变更分为两类:一类是工程上的变更(设计变更),并且当变更金额超过一定的限度后还要对费用进行调整;另一类是合同上的变更,即通过工程变更令对合同文件进行修改。

工程变更涉及多方面内容,但有一个共同点是都发生在项目的实施过程中,而且是项目执行前没有考虑到或无法预测到的。就工程承包合同的双方来说,在保证设计标准和工程质量的前提下,发包人总是力图让变更规模尽可能缩小,以利于控制投资规模;作为承包人,由于变更工程总会或多或少地打乱其原来的进度计划,给工程的管理和实施带来程度不同的困难,所以总是希望以此为理由向发包人索要比变更工程实际费用大得多的金额,以获得较高利润。这是一对矛盾,监理人应该站在公正、独立的立场上协调和解决好这一对矛盾,使发生的工程变更有利于工程施工的顺利进行,同时又要使由此产生的费用在合理的范围之内。

(三) 工程变更支付的依据

工程变更费用支付的依据是工程变更令和监理人对变更项目所确定的变更费用清单(工程变更清单),支付方式采用列入《进度款支付证书》的形式进行。支付货币的种类与其他支付项目相同,即按承包人投标时提出的货币种类和比例进行付款。具体的变更支付依据包括:

(1)对于发包人提出的设计变更,要有反映发包人变更要求的监理人的变更令和设计变更图纸及说明,同时,还要有工程变更清单。

(2)对于监理人提出的现场变更,必须有监理人变更令,监理人现场口头指示必须在随后 7 天之内以书面指示加以确认。特别指出,工程变更的权力在总监理工程师,一般不得进行委托。有些合同还在专用条件中对监理人进行工程变更的权力作了某种限制,超过一定限度时,必须由发包人授权。

(3)对于承包人提出的变更意见,必须有监理人的确认或批准、批复的文件。

(4)对于因工程变更引起的价格调整,要有双方协商一致的计算办法。协商结果可以用会议纪要等文件作证明。

(5)对于某方不履行合同义务造成的变更,要有相应的旁证材料。

鉴于工程变更项目的复杂性和特殊性,监理人应对工程变更项目的审批制定严格的管理程序。

(四) 合同条件关于工程变更的若干规定

1. 变更指令

没有监理人的变更指令,承包人不能进行任何变更工程。但是,任何工程量清单子目的工程量数量超过或少于工程量清单所列数量,则该项增加或减少不需要任何变更指令。也就是说,所计量的实际工程量与工程量清单中所列的数量有部分差异则不应列入工程变更的范围。

2. 工程变更不改变合同的效力

任何工程变更,均不应以任何方式使合同作废或无效,从而导致承包人责任的解除。所有这类变更发生的费用应根据合同条款进行估价。但是,如果发出本工程的变更指令是因承包人过错、承包人违反合同或承包人责任造成的,则这种违约引起的任何额外费用应由承包人承担。

3. 工程变更的估价

如果监理人认为适当,应以合同中规定的单价或总额价予以估价,如果合同并未包含任何适用于变更后工程的单价或总额价,则合同内的单价或总额价只要合理,也可作为估价的基础。如果不适用,则在监理人与发包人和承包人适当协商后,由监理人和承包人协议一个合适的单价或总额价;如果不能达成协议,则监理人应根据自己的意见,定出一个他认为合理的单价或总额价,通知承包人,并抄送发包人。

为了便于进度款支付,在单价或总额价上双方未达成协议或确定之前,监理人可确定暂时的单价或总额价,将其列入进度款支付证书中。但是,对由监理人发出工程师指令的变更工程,只有在这种指令发出之后的 14 天内和变更工程开始之前,已经收到承包人要求的额外支付或变更单价或总额价意图的通知,或者由监理人将其变更单价或总额价的意图通知承包人,否则监理人将不对变更后工程进行估价。

4. 工程变更后价格调整的条件

(1)对整个合同而言,监理人在签发整个工程项目的交接证书时,如果发现由于全部变更的工程的各种调整(不包括暂列金额、计日工费用),而不是由于其他原因,使合同价格的增加或减少总值超过"有效合同价格"(这里的"有效合同价格"是指扣除暂列金额和计日工费用后的合同价格)的一定比例时,则应在监理人与发包人、承包人协商后,按照监理人与承包人的协商结果,在合同价格中加上或扣除一笔调整金额。如果协议不成,则由监理人考虑承包人用于本项目合同的现场管理费和上级管理费后,确定此调整金额。同时,监理人应将确定的调整金额通知承包人,并抄送发包人。值得注意的是,这笔调整金额仅限于增加或减少超过有效合同价一定比例的那一部分数额。

(2)对单项工程而言,单项工程变更后的价格调整应按合同专用条件的规定确定,例如:如果合同中任何一个工程细目变更后的金额超过合同价格的一定比例(例如 2%),而且该细目的实际变更数量大于或小于工程量清单所列数量的一定比例(例如 25%)时才考虑价格的调整。

特别强调,单项工程变更后的价格调整采用双控指标是十分必要的。因为变更数量大于或小于工程量清单所列数量的 25%,只是个必要条件,充分条件是该变更的发生确实给承包人的施工成本带来了影响。在实际工作中,单个工程项目的变更往往很容易突破 ±25%,在这种情况下,会给合理处理变更带来困难,还经常因这突破的部分(有时仅为几元或几十元)而花费大量的时间和人力进行费用调整计算。因此,采用双指标进行控制,既可简化监理人的工作,又能保证工程变更费用支付的合理性。

现以一个简单的问题为例进一步说明。某港口工程原设计为 100 根钻孔灌注桩,变更设计增加 30 根桩,假定变更后的金额超过合同价的 2%,那么所增加数量中的 25 根桩使用原单价,而超过 100 根桩 25% 的 5 根桩可采用新单价。

(五) 工程变更的单价确定和工程量核算

工程变更支付中最关键的是确定价格,其次就是对变更项目的工程量进行测算。由于工程变更的单价涉及发包人和承包人的切身利益,所以双方对此都十分关心。为了公正地对每一个变更项目进行估价,使发包人和承包人对变更项目的单价满意,监理人必须完成大量而详细的测算工作。

1. 单价确定的原则

变更工程的单价按下述原则确定:

(1) 如果工程量清单的单价或价格适宜,就应用于变更工程项目。

(2) 如果工程量清单的单价没有适合于变更工程的单价或价格,则由发包人和承包人一起协商单价或价格,意见不一致时,由监理人进行最终确定。

(3) 当工程变更规模超过合同规定的某个范围时,则单价或合同价格应予以调整。

(4) 如果监理人认为有必要和可取,对变更工程也可以采取计日工的方法进行估价并支付。特别指出,此条应尽量少用,因为种类单一而价格普遍较高的计日工,是不适合于种类繁杂而难易程度不定的变更工程的。

2. 单价确定的步骤

对变更项目的单价可按以下步骤来确定,在实践中已取得了较好的效果。

(1) 收集、整理资料。因工程变更一般要涉及变更费用支付的问题,所以发包人、承包人以及监理人都会特别关注,来往函件和有关支付费用资料较多,同时,还有大量的协商记录及其他有关文件和资料,这些资料都能为定价提供依据。因此必须及时收集各种有关资料并分档归纳,以便使用时查找。

(2) 查阅资料,提出单价。下面介绍提出单价的顺序。

①根据变更项目的特点,采用工程量清单报价。工程量清单上的价格是承包人投标时测算后填报的,用于变更工程,容易为发包人、承包人及监理人所接受,而且从合同意义上来说,也比较公平合理。

采用工程量清单报价,分三种情形:一是直接套用,即直接采用工程量清单上的价格。二是间接套用,即依据工程量清单,经换算后采用。如某合同新增附属工程项目,需要浇注 C25 混凝土,在工程量清单中,虽然可以找到 C25 混凝土的价格,但在不同的构造物中,由于几何尺寸、工程部位和施工条件不尽相同,尽管混凝土等级一样,但单价却不一样,并且没有一个明显可与新增的附属工程情况靠近的单价。监理人在处理这项变更的定价问题时,首先将工程量清单中所有 C25 混凝土价格取出,然后计算其平均值,并以此平均值作为新增工程中 C25 混凝土的单价;实在不行,还可取其加权平均值为变更工程的单价。三是部分套用,即依据工程量清单,取用其价格中的某一部分。如某合同工程中使用的钻孔桩有如下 3 种:直径为 1.0m 的共计长 1 501m,直径为 1.2m 的共计长 8 178m,直径为 1.3m 的共计长 2 017m,原合同规定选择直径为 1.0m 的钻孔桩做静载破坏试验。显而易见,如果选择 1.2m 的钻孔桩作静载破坏试验,对该工程来说,更具代表性和指导意义。因此,监理人决定工程变更。但在原工程量清单中仅有 1.0m 直径桩的静载破坏试验价格,经过认真分析,监理人认为钻孔桩静载破坏试验的主要费用由两部分组成,其一为试验费用,其二为桩的成本费用,试验方法和设备并未因试验桩直径改变而发生变化。因此,费用增减主要是由钻孔桩直径的变化引起的,而试验费可以认为没有变化。由于普通钻孔桩的单价在工程量清单中可以找到,故改用直径为1.2m钻孔桩进行静载试验的费用 = 直径1.0m桩静载破坏试验费 + 直径1.2m钻孔桩的清单价格。

②当原报价单中没有相应单价或虽然有却明显不合理时,为了加快进程、减少矛盾,避免纠纷和索赔,应尽量采用既有真实性和代表性又有权威性的价格作为参考价格,如可采用交通部水运工程预算定额来估算其单价。

③当国家部门的价格表也没有相应的单价或虽有却价格明显不合理,在极其特殊的情况下,监理人也可用实际发货票据作为定价依据之一。但是,由于市场价格变化太大,再加上地区差价和部门差价,监理人必须进行一定的市场调查,以验证发货票据的真实性和与实际发生费用的符合性,而且监理人必须认真旁站、监督、真实记录。

④如果采用发货票据价格仍不合理,则监理人可根据实际情况,提出一个他认为合适的价格为参考单价。

(3)通过协商,确定单价。协商是估价的一项基本原则。通过协商确定单价是基于上述提出单价中没有一个合适的方法。此时,监理人应与发包人、承包人按上述所提到的顺序共同协商,达成一致意见后,将此单价定为变更工程单价。

(4)监理人裁决和确定单价。如果意见不一致,上面单价均没有协商成功,则由监理人裁决,确定单价。这一裁决的单价同他原提供协商的单价有所不同,原来所提的价格是供协商讨论用的,现在裁决的单价则是在协商后作出的,可能与原提供的单价相同,但更多的情况是吸收综合了协商意见的结果。特别要注意的是,一旦监理人裁决的价格不太合理,或缺乏说服承包人的依据,那么承包人有权就此向发包人提出费用索赔。因此,监理人在协商和决定变更单价时,要充分熟悉和掌握工地情况及基础技术资料,并通过综合分析,合理判断,做到心中有数。

3. 核算工程量

核算变更项目的工程量是另一个重要内容。毫无疑问,变更将引起工程量的变化,如果对原工程量清单已有的项目进行变更,则应将变更后的数量与变更前的数量进行对比,从而确定工程量的增加量或减少量并计算出相应的百分比;如果原工程量清单中无此项目,则此变更属于新增加项目,也需要准确计算工程量。总之,不论哪一种情况,都必须通过准确计算工程量形成工程变更清单(即修改的工程量清单),以此作为变更费用支付的依据。准确的工程数量可以从如下三方面获取:

(1)设计图纸和合同文件及技术规范。设计图纸和合同文件及技术规范是计算变更工程量的基本依据,因为变更前的工程量就是按设计图纸和合同文件及技术规范计算出来的。

(2)监理人的记录。在讨论支付原则时,就已经强调了日常记录的重要性,驻地监理工程师和旁站人员的现场记录是核算变更项目实际工程量的重要依据,因此,监理人应高度重视现场记录和原始证明材料的积累。

(3)承包人提供的工程数量。承包人提供的工程数量如果经过监理人审核,也可以作为核算工程量的依据。所以,如果承包人提供的没有经过监理人证明和签认的工程量则只能作为参考,不能作为依据。已经确定了变更的单价,又核实了变更项目的工程量,即可作出总费用的估价。计算同工程量清单项目的支付计算一样。

(六) 控制好变更总额

在一个工程项目的实施过程中,各种工程细目的变更会经常发生,监理人必须认真分析和计算每一个工程细目的变更费用,才能控制好变更总额。关于变更总额的控制常常会在合同条款中明确规定。

例如在 FIDIC 合同通用条件中规定:当整个合同工程完成后,如果变更总费用超过或低于有效合同价的 15% 时,应对超过或低于的那部分费用予以调整。客观地讲,15% 是一个经验数值,可理解为承包人在投标时考虑了各种风险并留有一定余地的临界值。因此,当变更小于 15% 时,承包人有责任也有能力分担。但如果变更规模突破这一界限,承包人将难以承受,应由发包人和承包人共同分担。若强制由承包人一方承担,这样将会给发包人招标和承包人投标带来很大的困难。

又例如:我国《水运工程标准施工招标文件》(JTS 110-8—2008)在专用合同条款 15.1 款规定:"工程量清单中某单项工程量的变化幅度超过 20%,且对合同总价影响幅度超过 2% 时,应调整该工程量清单项目的综合单价。"

(七)《中华人民共和国标准施工招标文件》关于工程变更的规定

1. 变更的范围和内容

《中华人民共和国标准施工招标文件》通用合同条款第 15.1 款指出,除专用合同条款另有约定外,在履行合同中发生以下情形之一,应按照本条规定进行变更。

(1) 取消合同中任何一项工作,但被取消的工作不能转由发包人或其他人实施;
(2) 改变合同中任何一项工作的质量或其他特性;
(3) 改变合同工程的基线、高程、位置或尺寸;
(4) 改变合同中任何一项工作的施工时间或改变已批准的施工工艺或顺序;
(5) 为完成工程需要追加的额外工作。

2. 变更权和变更程序

《中华人民共和国标准施工招标文件》通用合同条款第 15.2 款指出,在履行合同过程中,经发包人同意,监理人可按《中华人民共和国标准施工招标文件》通用合同条款第 15.3 款约定的变更程序向承包人作出变更指示,承包人应遵照执行。没有监理人的变更指示,承包人不得擅自变更。

《中华人民共和国标准施工招标文件》通用合同条款第 15.3.1 项对变更的提出程序明确规定如下:

(1) 在合同履行过程中,可能发生《中华人民共和国标准施工招标文件》通用合同条款第 15.1 款约定情形的,监理人可向承包人发出变更意向书。变更意向书应说明变更的具体内容和发包人对变更的时间要求,并附必要的图纸和相关资料。变更意向书应要求承包人提交包括拟实施变更工作的计划、措施和竣工时间等内容的实施方案。发包人同意承包人根据变更意向书要求提交的变更实施方案的,由监理人按《中华人民共和国标准施工招标文件》通用合同条款第15.3.3项约定发出变更指示。

（2）在合同履行过程中，发生第15.1款约定情形的，监理人应按照《中华人民共和国标准施工招标文件》通用合同条款第15.3.3项约定向承包人发出变更指示。

（3）承包人收到监理人按合同约定发出的图纸和文件，经检查认为其中存在《中华人民共和国标准施工招标文件》通用合同条款第15.1款约定情形的，可向监理人提出书面变更建议。变更建议应阐明要求变更的依据，并附必要的图纸和说明。监理人收到承包人书面建议后，应与发包人共同研究，确认存在变更的，应在收到承包人书面建议后的14天内作出变更指示。经研究后不同意作为变更的，应由监理人书面答复承包人。

（4）若承包人收到监理人的变更意向书后认为难以实施此项变更，应立即通知监理人，说明原因并附详细依据。监理人与承包人和发包人协商后确定撤销、改变或不改变原变更意向书。

3. 变更估价

《中华人民共和国标准施工招标文件》通用合同条款第15.3.2项对变更的估价程序明确规定如下：

（1）除专用合同条款对期限另有约定外，承包人应在收到变更指示或变更意向书后的14天内，向监理人提交变更报价书，报价应根据《中华人民共和国标准施工招标文件》通用合同条款第15.4款约定的估价原则，详细开列变更工作的价格组成及其依据，并附必要的施工方法说明和有关图纸。

（2）变更工作影响工期的，承包人应提出调整工期的具体细节。监理人认为有必要时，可要求承包人提交要求提前或延长工期的施工进度计划及相应施工措施等详细资料。

（3）除专用合同条款对期限另有约定外，监理人收到承包人变更报价书后的14天内，根据《中华人民共和国标准施工招标文件》通用合同条款第15.4款约定的估价原则，按照第3.5款商定或确定变更价格。

4. 变更指示

《中华人民共和国标准施工招标文件》通用合同条款第15.3.3项对变更指示规定如下：

（1）变更指示只能由监理人发出。

（2）变更指示应说明变更的目的、范围、变更内容以及变更的工程量及其进度和技术要求，并附有关图纸和文件。承包人收到变更指示后，应按变更指示进行变更工作。

5. 变更的估价原则

《中华人民共和国标准施工招标文件》通用合同条款第15.4款对变更的估价原则明确规定，除专用合同条款另有约定外，因变更引起的价格调整按照本款约定处理。

（1）已标价工程量清单中有适用于变更工作的子目的，采用该子目的单价。

（2）已标价工程量清单中无适用于变更工作的子目，但有类似子目的，可在合理范围内参照类似子目的单价，由监理人按《中华人民共和国标准施工招标文件》通用合同条款第3.5款商定或确定变更工作的单价。

（3）已标价工程量清单中无适用或类似子目的单价，可按照成本加利润的原则，由监理人按《中华人民共和国标准施工招标文件》通用合同条款第3.5款商定或确定变更工作的单价。

七、价格调整费用的支付

(一)价格调整的原因

实行价格调整是国际竞争性招标项目中的一则惯例,因为合同中列明的有关价格调整的条款,体现了发包人和承包人公平、合理地分担价格的意外风险,从而既使投标人报价时能够合理地计算标价,免除中标后因为发生劳力、原材料等价格上涨带来的风险,又保证发包人能够获得较真实和可靠的报价,以及在工程结算时能在一个合理的价格水平上承受工程费用。由此可见,合同价并非一经签订便不能再改变,只要符合合同条件的规定就可以进行价格调整。价格调整在保证合同双方顺利执行合同方面起着重要的作用,是一条公平、合理的规定。价格调整涉及两个方面:一是工程项目施工中所耗用的主要大宗材料的价格变动;二是后继法规及其他有关政策的改变而产生的费用。将上述两方面费用计算出来后,在"进度款支付"中支付。

(二)价格调整的方法

对合同价格调整的方法,根据《世界银行采购指南》中的分类方法一般可以分为两种。

第一种方法是根据地方劳动力和规定的材料等基本价格与现行价格的差值予以某种约定的方式加以补偿,通常称之为票证法或票据法。这里的基本价格意指投标截止日期前28天的(材料或者人工等)价格;现行价格指在提交投标书后,工程实施中采购(材料或者人工等)的价格。这种方法与国内基本建设内部管理施工法的材料价差补差方法类似。一般做法是在投标时发包人应给出明确条件,注明补差材料名称及材料最终数量的限定,并随投标文件提交指定材料合法的基本价格证明文件。同时,发包人还将注明在项目实施过程中与基本价格组成内容相应的现行价格的组成内容,以及对承包人提交的现行价格文件的合法性提出明确规定。由于现行价格随市场升、降的不稳定性,将会给监理人处理价格调整带来不少的麻烦。因此,某一种材料可能在多次进度款支付中都出现调整,有的可能往返出现多退少补的情况,甚至要到最终支付时才能最后解决调价费用计算。特别是证明价格的合法性文件,在遇到票据管理混乱时,会给监理人的审查工作带来极大的困难。

第二种方法是规定一种固定公式,把全部合同价格分成若干组成部分,然后按各部分的价格指数进行综合调整,通常称之为公式法。

(三)用公式法进行价格调整

1. 基本思路

用公式法进行价格调整的基本思路是:首先将合同总价定为1,其次确定其价格不变部分所占有的比例,然后找出调价各部分价值占合同总价的比例再乘以相应的现价与基价之比,确定出一个调价指数,最后用合同总价乘以调价指数,即为价格补差额。具体的公式为:

$$调价补差额 = 合同总价 \times 调价指数 \tag{5-6}$$

也可表示为:

$$调整后的价格 = 合同总价 \times (1 + 调价指数) \tag{5-7}$$

2. 公式法调整的优点

公式法比票证法具有更好的操作性,因为公式法的数字均可从现有的合同中获得,而影响调价的基本数据——物价指数一般来自官方材料,公布指数的时间相对固定,如我国目前由国家统计局每年公布一次,因而调价时间也比较固定。这种方法易于被发包人和承包人接受,而且监理人在处理价格调整时证据充分、方便可靠。

3. 公式法调价计算程序

(1) 先确定基价或基价指数 P_{0i}

基价指数是指投标截止日期所在月份的前 1 个月,某种材料(或费用)在原产地国家的地区或政府物价局、统计局、建设行业行政主管部门公布流通使用的价格指数。

(2) 确定现价或现价指数 P_{1i}

现价指数是指出具进度款支付证书前 1 个月中,材料原产地政府机关最新公布流通使用的价格指数。现价指数应与基价指数的确定方法相一致。在实际工作中,可根据招标文件的规定,以每年集中进行一次价格调整为宜,这样可以充分利用国家每年公布一次的物价指数。

现价指数按指数选择基期的不同分为定基物价指数和环比物价指数。定基物价指数以某一固定期为基期所计算的相对价格指数;环比物价指数是以计算期的前一时期为基期所计算的相对价格指数,以一个月(季)度期限编制的环比物价指数为月(季)度环比物价指数,以一个年度期限编制的环比物价指数为年度环比物价指数。国际上习惯使用定基物价指数,并且以香港统计局公布的为准。我国每次公布的各种物价指数常常是环比物价指数,在计算时首先要将环比物价指数换算成定基物价指数。以每年公布一次的年度环比物价指数为例,例如,某工程于 1995 年招、投标,1995 年底签订合同,工程于 1999 年竣工,要对 1998 年的工程费用进行调整(一次性调整),就必须先将 1998 年与 1995 年相比的定基物价指数算出。若 1996、1997、1998 三年的环比物价指数分别为 110、112、114,那么 1998 年的现价指数 P_{1i} 不是 114,而是 $110 \times 112 \times 114 \times 100^{-2} = 140$。也就是说,以 1995 年为基期(1995 年的定基物价指数为 100),1998 年的定基物价指数为 140。

(3) 确定物价比值系数 b_i

物价比值系数为现价指数与基价指数之比。即:

$$b_i = \frac{P_{1i}}{P_{0i}} \tag{5-8}$$

式中:b_i——第 i 项影响价格因素(如劳动力、某项材料、机械折旧与维修和燃料等)的现价指数与基价指数之比;

P_{1i}——第 i 项影响价格因素(如劳动力、某项材料、机械折旧与维修和燃料等)的现价指数;

P_{0i}——第 i 项影响价格因素(如劳动力、某项材料、机械折旧与维修和燃料等)的基价指数。

(4) 确定可调系数 C_i

可调系数是指影响价格的各种材料或因素的费用所占合同总价的权重系数。即:

$$C_i = \frac{W_i}{CP} \tag{5-9}$$

式中：C_i——第 i 项影响价格因素的可调系数；

W_i——第 i 项影响价格因素的金额；

CP——合同总价。

(5) 确定固定常数 C_0（总价不变系数）

固定常数是指在支付中不进行调整价格的金额占合同总价的权重系数。即价格不变部分所占有的比例（也称为总价不变系数），指合同价中一部分不受物价上涨、下调影响的费用占总费用的比例。不进行调整的金额是指固定的间接费、利润、税金以及发包人以固定价格提供的材料等。世界银行在推荐公式时固定价的比例一般为 15%～20%。计算公式为：

$$C_0 = 1 - \sum C_i \tag{5-10}$$

(6) 确定价格调价指数 PAF

$$PAF = C_0 + \sum b_i C_i - 1 \tag{5-11}$$

(7) 确定价格调整补差额

$$ADJ = LCP(或者 FCP) \times PAF \tag{5-12}$$

式中：　　ADJ——价格调整补差额；

LCP（或者 FCP）——价格调整内合同基价中人民币部分（或者外币部分）；

PAF——物价调价指数。

（四）货币限额与兑换率

国际市场上货币的兑换率不断发生变化，而兑换率的改变就意味着货币价格发生变化。另外，由于工程施工所在国外汇管理条例的改变，实行货币限制或货币兑换限额，也可能使合同价格发生变化。

1. 货币限额

如果在本工程施工或拟施工所在国的政府或政府授权机构对支付合同价款所用的一种或几种货币实行货币限额、货币兑换限额，则发包人应赔偿承包人由此而引起的任何损失或伤害，且不妨碍承包人在这种事情发生时有权行使的任何其他权力或应得的补偿。

2. 货币的兑换率及比例

如果合同规定以一种或多种外国货币全部或部分地向承包人支付款项，则此项支付不应受上述指定的一种或多种外国货币于本工程施工所在国货币之间的兑换率的变化影响。其兑换率应当是投标截止日期以前 28 天的当日由本工程施工所在国中央银行确定的通行兑换率，并应于投标之前由发包人通知承包人，或在投标书中予以规定。除非合同另有规定，此种兑换率在合同执行过程中保持不变。同样，货币的比例也应按投标书中列明的执行。

3. 支付暂列金额的货币

如果合同规定以一种以上的货币支付，就用外国货币支付的暂列金额项目而言，当该金额全部或一部分被使用时，以外国货币支付的比例或数额应按合同专用条款规定的原则予以确定。

(五)《中华人民共和国标准施工招标文件》通用合同条款关于价格调整的规定

1. 物价波动引起的价格调整

除专用合同条款另有约定外,因物价波动引起的价格调整按照《中华人民共和国标准施工招标文件》通用合同条款第16.1款约定处理。可以采用价格指数(公式法)调整价格差额,或者采用造价信息(信息指导价)调整价格差额两种方法来处理。

(1)采用价格指数调整价格差额。因人工、材料和设备等价格波动影响合同价格时,根据投标函附录中的价格指数和权重表约定的数据,按以下公式计算差额并调整合同价格。

$$\Delta P = P_0 \times \left[A + \left(R_1 \times \frac{F_{t1}}{F_{01}} + R_2 \times \frac{F_{t2}}{F_{02}} + \cdots + R_n \times \frac{F_{tn}}{F_{0n}} \right) - 1 \right] \tag{5-13}$$

式中: ΔP——需调整的价格差额;

P_0——按合同约定的付款证书中承包人应得到的已完成工程量的金额,此项金额应不包括价格调整、不计质量保证金的扣留和支付、预付款的支付和扣回;按合同规定的变更及其他金额已按现行价格计价的,也不计在内;

A——定值权重(即不调部分的权重);

R_1、R_2、R_n——各可调因子的变值权重(即可调部分的权重)为各可调因子在投标函投标总报价中所占的比例;

F_{t1}、F_{t2}、F_{tn}——各可调因子的现行价格指数,指合同文件约定的付款证书相关周期最后一天的前42天的各可调因子的价格指数;

F_{01}、F_{02}、F_{0n}——各可调因子的基本价格指数,指基准日期的各可调因子的价格指数。

以上价格调整公式中的各可调因子、定值和变值权重,以及基本价格指数及其来源在投标函附录价格指数和权重表中约定。价格指数应首先采用有关部门提供的价格指数,缺乏上述价格指数时,可采用有关部门提供的价格代替。

在使用价格指数调整价格差额计算公式时,应该注意以下几点:

①在计算调整差额时得不到现行价格指数时,可暂时用上一次调整差额计算的价格指数计算,并在以后的付款中再按实际价格指数进行调整。

②由于按《中华人民共和国标准施工招标文件》通用合同条款第15.1款约定的变更导致原定合同中的权重不合理时,公式中权重的调整由监理人与承包人和发包人协商后进行调整。

③由于承包人原因未在约定的工期内竣工的,则对原约定竣工日期后继续施工的工程,在使用价格调整公式时,应采用原约定竣工日期与实际竣工日期的两个价格指数中较低的一个作为现行价格指数。这是因承包人工期延误后的价格调整的原则。

(2)采用造价信息调整价格差额。在施工期内,因人工、材料、设备和机械台班价格波动影响合同价格时,人工、机械使用费按照国家或省、自治区、直辖市建设行政管理部门、行业建设管理部门或其授权的工程造价管理机构发布的人工成本信息、机械台班单价或机械使用费系数进行调整;需要进行价格调整的材料,其单价和采购数应由监理人复核,监理人确认需调整的材料单价及数量,作为调整工程合同价格差额的依据。

2. 法律变化引起的价格调整

在基准日后,因法律变化导致承包人在合同履行中所需要的工程费用发生除《中华人民共和国标准施工招标文件》第16.1款约定以外的增减时,监理人应根据法律、国家或省、自治区、直辖市有关部门的规定,按第3.5款商定或确定需调整的合同价款。

(六)《水运工程标准施工招标文件》关于价格调整的规定

我国《水运工程标准施工招标文件》(JTS 110-8—2008)在专用合同条款16.1.3目规定,"物价波动引起的价格调整方法:

(1)主要材料价格变化幅度超过_____%时,超过_____%的部分调整材料价差,并计列相应的税金、教育附加费和城市建设维护费;

(2)主要材料名称:_____;

(3)主要材料基准价格:投标截止前28天,工程所在地建设主管部门公布的信息价格;

(4)结算期主要材料价格:工程计量前28天,工程所在地建设主管部门公布的信息价格;

(5)工程所在地无建设主管部门公布的信息价格时:_____。"

可见按照我国《水运工程标准施工招标文件》的规定,主要材料价格变化幅度没有超过合同规定幅度时,一律不调整材料价差;超过合同规定幅度时,仅仅对超过合同规定的部分进行调整材料价差;约定的主要材料名称、不调整材料价差的价格变化幅度、工程所在地没有建设主管部门公布的信息价格时采用什么价格都必须在专用合同条款中约定。

第七节 合同中止和工程停工后的支付

任何一个工程项目,在施工过程中都有可能遇到各种各样的意外,而对每一个意外的处理几乎都与费用支付有关。因此,为了严格控制工程费用,确保工程顺利进行,要求监理人妥善处理好发生的意外。本节讨论合同中止和工程停工这两种意外的费用支付问题。

一、合同中止后的支付

在工程施工中,意外情况十分严重时将会导致合同中止的局面。合同中止往往是由不可抗力、承包人违约、发包人违约等三个方面的原因引起的。

1. 不可抗力导致合同中止的支付

不可抗力(特殊风险)是指承包人和发包人在订立合同时不可预见,在工程施工过程中不可避免发生并不能克服的自然灾害和社会性突发事件,如地震、海啸、瘟疫、水灾、骚乱、暴动、战争和专用合同条款约定的其他情形。

在合同执行过程中,合同一方当事人遇到不可抗力事件,使其履行合同义务受到阻碍时,应立即通知合同另一方当事人和监理人,书面说明不可抗力和受阻碍的详细情况,并提供必要的证明。如不可抗力持续发生,合同一方当事人应及时向合同另一方当事人和监理人提交中间报告,说明不可抗力和履行合同受阻的情况,并于不可抗力事件结束后28天内提交最终报告及有关资料。

《中华人民共和国标准施工招标文件》通用合同条款第21.1.2目规定,不可抗力发生后,发包人和承包人应及时认真统计所造成的损失,收集不可抗力造成损失的证据。合同双方对是否属于不可抗力或其损失的意见不一致的,由监理人按第3.5款商定或确定。发生争议时,按第24条的约定办理。

除专用合同条款另有约定外,不可抗力导致的人员伤亡、财产损失、费用增加和(或)工期延误等后果,由合同双方按以下原则承担。

(1)永久工程,包括已运至施工场地的材料和设备的损害,以及因工程损害造成的第三者人员伤亡和财产损失由发包人承担;

(2)承包人设备的损坏由承包人承担;

(3)发包人和承包人各自承担其人员伤亡和其他财产损失及其相关费用;

(4)承包人的停工损失由承包人承担,但停工期间应监理人要求照管工程和清理、修复工程的金额由发包人承担;

(5)不能按期竣工的,应合理延长工期,承包人不需支付逾期竣工违约金;发包人要求赶工的,承包人应采取赶工措施,赶工费用由发包人承担;

(6)不可抗力发生后,发包人和承包人均应采取措施尽量避免和减少损失的扩大,任何一方没有采取有效措施导致损失扩大的,应对扩大的损失承担责任。

《中华人民共和国标准施工招标文件》通用合同条款第21.3.4目规定,合同一方当事人因不可抗力不能履行合同的,应当及时通知对方解除合同。合同解除后,承包人应按照第22.2.5项约定撤离施工场地。已经订货的材料、设备由订货方负责退货或解除订货合同,不能退还的货款和因退货、解除订货合同发生的费用,由发包人承担;因未及时退货造成的损失由责任方承担。合同解除后发包人应在解除合同后28天内向承包人支付下列金额,承包人应在此期限内及时向发包人提交要求支付下列金额的有关资料和凭证:

(1)合同解除日以前所完成工作的价款;

(2)承包人为该工程施工订购并已付款的材料、工程设备和其他物品的金额;发包人付款后,该材料、工程设备和其他物品归发包人所有;

(3)承包人为完成工程所发生的,而发包人未支付的金额;

(4)承包人撤离施工场地以及遣散承包人人员的金额;

(5)由于解除合同应赔偿的承包人损失;

(6)按合同约定在合同解除日前应支付给承包人的其他金额;发包人应按本项约定支付上述金额并退还质量保证金和履约担保,但有权要求承包人支付应偿还给发包人的各项金额。

2. 承包人违约导致合同中止的支付

《中华人民共和国标准施工招标文件》通用合同条款第22.1.1目规定,在履行合同过程中发生下列情况属承包人违约:

(1)承包人违反第1.8款或第4.3款的约定,私自将合同的全部或部分权利转让给其他人,或私自将合同的全部或部分义务转移给其他人;

(2)承包人违反第5.3款或第6.4款的约定,未经监理人批准,私自将已按合同约定进入施工场地的施工设备、临时设施或材料撤离施工场地;

(3)承包人违反第5.4款的约定使用了不合格材料或工程设备,工程质量达不到标准要求,又拒绝清除不合格工程;

(4)承包人未能按合同进度计划及时完成合同约定的工作,已造成或预期造成工期延误;

(5)承包人在缺陷责任期内,未能对工程接收证书所列的缺陷清单的内容或缺陷责任期内发生的缺陷进行修复,而又拒绝按监理人指示再进行修补;

(6)承包人无法继续履行或明确表示不履行或实质上已停止履行合同;

(7)承包人不按合同约定履行义务的其他情况。

承包人无法继续履行或明确表示不履行或实质上已停止履行合同的情形属严重违约,发包人可通知承包人立即解除合同。对承包人发生的其他违约情况,监理人可向承包人发出整改通知,要求其在指定的期限内改正。监理人发出整改通知28天后,承包人仍不纠正违约行为的,发包人可向承包人发出解除合同通知。合同解除后,发包人可派员进驻施工场地,另行组织人员或委托其他承包人施工。发包人因继续完成该工程的需要,有权扣留使用承包人在现场的材料、设备和临时设施。但发包人的这一行动不免除承包人应承担的违约责任,也不影响发包人根据合同约定享有的索赔权利。

《中华人民共和国标准施工招标文件》通用合同条款第22.1.4、22.1.5目规定,因承包人违约合同解除后的估价、付款、结清和协议利益,按照以下原则处理:

(1)合同解除后,监理人按第3.5款商定或确定承包人实际完成工作的价值,以及承包人已提供的材料、施工设备、工程设备和临时工程等的价值;

(2)合同解除后,发包人应暂停对承包人的一切付款,查清各项付款和已扣款金额,包括承包人应支付的违约金;

(3)合同解除后,发包人应按第23.4款的约定向承包人索赔由于解除合同给发包人造成的损失;

(4)合同双方确认上述往来款项后,出具最终结清付款证书,结清全部合同款项;

(5)发包人和承包人未能就解除合同后的结清达成一致而形成争议的,按第24条的约定办理;

(6)因承包人违约解除合同的,发包人有权要求承包人将其为实施合同而签订的材料和设备的订货协议或任何服务协议利益转让给发包人,并在解除合同后的14天内,依法办理转让手续。

由此可见,承包人违约导致合同中止的支付与特殊风险导致合同中止的情况不同,承包人违约导致合同中止的付款规定对承包人带有惩罚性。

3. 发包人违约导致合同中止的支付

《中华人民共和国标准施工招标文件》通用合同条款第22.2.1目规定,在履行合同过程中发生下列情形的,属发包人违约:

(1)发包人未能按合同约定支付预付款或合同价款,或拖延、拒绝批准付款申请和支付凭证,导致付款延误的;

(2)发包人原因造成停工的;

(3)监理人无正当理由没有在约定期限内发出复工指示,导致承包人无法复工的;

(4)发包人无法继续履行或明确表示不履行或实质上已停止履行合同的;

(5)发包人不履行合同约定其他义务的。

发包人发生除第22.2.1(4)目以外的违约情况时,承包人可向发包人发出通知,要求发包人采取有效措施纠正违约行为。发包人收到承包人通知后的28天内仍不履行合同义务,承包人有权暂停施工,并通知监理人,发包人应承担由此增加的费用和(或)工期延误,并支付承包人合理利润。

当有下列情况之一时,承包人可以提出由于发包人违约解除合同的要求:

(1)发包人无法继续履行或明确表示不履行或实质上已停止履行合同时,承包人可书面通知发包人解除合同。

(2)由于发包人发生违约情况时,承包人向发包人发出要求纠正违约行为通知,并且采取了暂停施工的进一步措施。承包人按合同规定暂停施工28天后,发包人仍不纠正违约行为的,承包人可向发包人发出解除合同通知。但承包人的这一行动不免除发包人承担的违约责任,也不影响承包人根据合同约定享有的索赔权利。

《中华人民共和国标准施工招标文件》通用合同条款第22.2.4、22.2.5目规定,因发包人违约解除合同的,发包人应在解除合同后28天内向承包人支付下列金额,承包人应在此期限内及时向发包人提交要求支付下列金额的有关资料和凭证:

(1)合同解除日以前所完成工作的价款;

(2)承包人为该工程施工订购并已付款的材料、工程设备和其他物品的金额。发包人付还后,该材料、工程设备和其他物品归发包人所有;

(3)承包人为完成工程所发生的,而发包人未支付的金额;

(4)承包人撤离施工场地以及遣散承包人人员的金额;

(5)由于解除合同应赔偿的承包人损失;

(6)按合同约定在合同解除日前应支付给承包人的其他金额;发包人应按本项约定支付上述金额并退还质量保证金和履约担保,但有权要求承包人支付应偿还给发包人的各项金额;

(7)因发包人违约而解除合同后,承包人应妥善做好已竣工工程和已购材料、设备的保护和移交工作,按发包人要求将承包人设备和人员撤出施工场地;承包人撤出施工场地应遵守第18.7.1项的约定,发包人应为承包人撤出提供必要条件。

二、工程停工后的支付

对于水运工程建设项目,在其施工过程中,由于诸多影响因素,承包人的管理水平参差不齐,所以在施工活动的组织和安排上,难免会出现各种停工现象,使工程无法按进度计划正常进行。毫无疑问,一旦发生停工,将会对工程的投资效益产生严重影响,因此,发包人会高度重视对这类现象的控制。同样,工程停工也将给承包人造成损失。

由于工程停工的种类较多,不可能在此一一全面阐述,因此,下面只简单介绍合同执行过程中需要监理人处理的各种停工的支付问题。

首先,应当明确,无论是什么原因导致停工,都将对工程的竣工和交付使用产生不利影响,例如现场管理费用和监理费用增加,资金占用时间延长,项目效益推迟产生等,从而使发包人的利益受到损害。在现金流量图上将表现为建设期加长,成本升高,效益减少,从而使投资回收期延长,投资收益率下降。尽管出现这种情况发包人可以要求承包人进行适当赔偿,例如要求承包人支付拖期违约损失偿金,但也只能在很小的程度上减少所造成的损失,而对发包人遭受的各种潜在损失是无法补偿的。

其次,一旦停工,承包人也会受到损失,例如承包人的人员将窝工、设备闲置、管理费用增加等,即使发包人给予一定的补偿,也只是一部分成本,而无法实现利润。

总之,无论从哪方面来说,工程停工都是不利的,会直接导致工期延长和费用增加,但相比之下,发包人将受到更大的损害。

《中华人民共和国标准施工招标文件》通用合同条款第12.1款规定,因为下列因素引起的暂停施工,造成的费用增加和(或)工期延误由承包人承担:

(1)承包人违约引起的暂停施工;
(2)由于承包人原因为工程合理施工和安全保障所必需的暂停施工;
(3)承包人擅自暂停施工;
(4)承包人其他原因引起的暂停施工;
(5)专用合同条款约定由承包人承担的其他暂停施工。

同时也规定了发包人暂停施工的责任。由于发包人原因引起的暂停施工造成工期延误的,承包人有权要求发包人延长工期和(或)增加费用,并支付合理利润。

除非合同条件中专门制定了停工费用支付原则及控制的相应条款,在通常情况下由停工而发生的赔偿,双方之间一般均只计算成本,不计利润和潜在的各种效益。根据导致停工的原因,可将停工分为三类:即发包人导致的停工,承包人导致的停工,特殊风险导致的停工。其中特殊风险导致的停工,由此发生的费用按双方分担原则处理,主要根据发包人和承包人应该承担的责任确定。

1. 发包人导致的停工及费用支付

由发包人造成的停工情况归纳列入表5-1。表5-1所示都是指合同中应由发包人支付的情况。表中所指成本分为两类:一类由于发生了各种事件,监理人要求承包人进行有关工作,这些工作的成本包括直接费和管理费。另一类是由于出现这些情况,承包人的工作停止进行,此时只支付人员窝工的工时费和机械设备的闲置费。总之,由于发包人方面的原因而造成的停工,应根据合同中相应的规定和条款,对承包人给予补偿。这种补偿的具体计算应视现场情况及随后采取措施的内容和设备的闲置情况来定,并且一般只支付成本。

停工原因及支付处理情况汇总表 表5-1

序 号	停 工 原 因	支付处理情况
1	合同文件内容出错	只付费用,不付利润
2	图纸延迟发出	只付费用(成本)
3	有关放线资料不准确	针对资料出错的补救工程,支付成本和利润;若因此停工,只支付成本
4	发包人风险造成的破坏	只支付成本,不付利润
5	化石、矿石、文物等	根据现场情况,采用不同措施,只付成本或者付成本和利润
6	由于其他承包人的原因	视承包人被要求的工作情况付款,为其他承包人提供服务时应支付成本加利润;由于其他承包人的原因停工时只付成本
7	样品与实验	监理人下令的附加实验,支付成本,无利润
8	工程的揭露	合格:支付成本和利润;不合格:不支付费用
9	工程暂停	支付工程中所产生的费用,不付利润
10	工地占用	只支付费用,不付利润
11	后续法规	只支付费用
12	延期付款	支付延期部分利息及停工费用

2. 承包人导致的停工及费用支付

由于承包人自己的工作失误或所承担的风险而导致工程停工,其所有费用必须由承包人自己承担。只是往往由于工程情况比较复杂,承包人总是设法将自己应承担的费用说成是由于发包人的原因,从而要求费用赔偿。因此,监理人必须掌握现场情况,对一些问题当机立断,明确其责任在谁。

同时,一旦明确属于承包人责任,承包人除了自己负担有关损失外,如果停工影响到工程的竣工或影响到其他承包人的工作,则对于影响竣工的情况,应按合同规定向发包人支付违约金;如果严重影响工作,他还可能被发包人驱逐;影响到其他承包人的工作时,应向被其影响的其他承包人支付相应的款项,只是这种支付也是通过发包人进行,即由于他的责任而导致了其他承包人向发包人索赔,则发包人会根据合同条件将这种支付转由造成停工的承包人支付,一般通过从负有责任的承包人付款中扣减的方式来实现。

最后,还必须指出一点,如果承包人因合同条款所指的恶劣气候而停工,则一方面发包人不但不能要求承包人赔偿,而且还应给予工程延期,另一方面承包人也不能向发包人提出停工的费用补偿要求。

思考题与习题

1. 为什么要进行工程费用支付?
2. 工程费用支付有哪些种类?
3. 监理人在水运工程项目费用支付中有哪些职责和权限?
4. 工程费用支付的原则是什么?
5. 何谓进度款支付?何谓竣工结算支付?何谓最终结清支付?
6. 监理人如何签发进度款支付证书?
7. 何谓暂列金额?它有什么特殊性质?
8. 计日工的使用有哪些注意事项?
9. 工程量清单外支付包括哪些费用?工程量清单内支付包括哪些费用?
10. 何谓预付款?额度多大?支付的依据是什么?如何扣回?
11. 我国《水运工程标准施工招标文件》(JTS 110-8—2008)在专用合同条款中,关于"物价波动引起的价格调整方法"明确规定了哪些内容?
12. 何谓质量保证金?额度多大?怎样扣留和退还?
13. 何谓延迟付款?其利息如何确定?
14. 工程变更有哪些性质?变更的内容是什么?变更支付的依据是什么?
15. 如何确定工程变更的单价?
16. 价格调整的原因是什么?调整的方法有哪些?分析"公式法"调价的优点。
17. 分析理解基价指数和固定常数的概念、意义。
18. 如何用"公式法"对价格进行调整?
19. 合同中止后的支付分哪几种情况?分别说明如何支付及其特点。

第六章　索赔费用支付

[本章内容要点]　主要介绍索赔概念、索赔成立的基本条件、索赔程序及其规定和索赔费用的计算及审查方法,同时介绍几个索赔实例,以提高对索赔概念、费用计算和审查方法的认识。

第一节　概　　述

一、索赔的定义和分类

(一)索赔的定义

索赔是工程承包中经常发生的正常现象。由于施工现场和气候条件的变化、施工进度及物价的变化,合同条款、规范、标准和施工图纸等合同的变更等因素的影响,使得工程实施过程中不可避免地出现索赔。关于索赔的定义可以从多个方面来解释:从"索赔"的字面上看,"索赔"是指一方向另一方索取赔偿的行为。从经济合同的履行角度来看,"索赔"是当事人一方因对方不履行或不完全履行既定的合同义务、或者由于对方的行为使权利人受到损失时,要求对方补偿损失的权利。

FIDIC、《中华人民共和国标准施工招标文件》(2007年版)以及交通部《水运工程标准施工招标文件(JTS 110-8—2008)》中明确规定有索赔条款,以保护承包人和发包人的正当利益。索赔直接涉及发包人和承包人双方的经济利益,所以他们对索赔都十分重视,但两者的态度是绝不相同的。合同条款中的索赔条款仅保护承包人合理的经济利益。然而一些"有经验"的承包人企图利用索赔条款,提出一些投机性的、不符合合同规定的索赔项目和索赔理由,大幅度提高索赔费用的额度,甚至有少数承包人采用低标价、高索赔的投标策略,先获中标资格,后在施工中千方百计寻找索赔机会,争取通过索赔取得经济利益。另一方面从发包人的角度来说,合同中的索赔条款合理地规定了合同双方的职责和义务,合理分担了各自应承担的风险,在一定程度上保证了发包人能获得比较合理的标价,但发包人往往不愿意接受各种索赔要求。因此,索赔处理往往是一项既复杂而又棘手的工作,是监理人在费用控制中最难处理的监理业务之一,而且处理得好坏对整个费用控制目标的实现有着重大影响。为此,监理人应坚持原则、熟悉业务、努力工作,认真做好以下几点:

(1)站在独立公正的立场上,按照合同文件的规定,对索赔作出合理的审查和裁定,不得倾向任何一方;

(2)全面掌握合同条件、技术要求和现场实际情况,坚持理论联系实际的工作方法,实事求是地分清责任,公正、独立地应用合同文件,充分论证索赔成立的可能性,并且对索赔事件提出合理的处理意见;

(3)熟悉索赔费用的计算业务,承包人在计算索赔费用时往往都会加大索赔费用,监理人有责任认真审核承包人的索赔费用计算,去掉人为的不合理部分,维护发包人利益。

(二)索赔的分类

索赔的分类方法甚多,有的按当事人划分,有的按发生索赔的原因划分,有的按索赔的目的划分等。这些划分方法从各个角度剖析了索赔工作的性质和内容。

1. 按索赔涉及有关当事人分类

(1)承包人同发包人之间的索赔;
(2)承包人同分包人之间的索赔;
(3)承包人同供货人之间的索赔;
(4)承包人向保险公司的索赔。

2. 按索赔发生的原因分类

这是比较常见的分类法,但在水运工程的索赔实践中,发生索赔的原因很多,较常见的有:
(1)地质条件变化引起的索赔;
(2)施工中人为障碍引起的索赔;
(3)工程变更指令引起的索赔;
(4)工期延长引起的索赔;
(5)加速施工引起的索赔;
(6)设计图纸错误引起的索赔;
(7)施工图纸拖延引起的索赔;
(8)增减工程量引起的索赔;
(9)发包人拖延付款引起的索赔;
(10)发包人风险引起的索赔;
(11)不可抗拒的自然灾害引起的索赔;
(12)暂停施工引起的索赔等。

3. 按索赔目的分类

(1)工期索赔,其目的是延长施工时间,使原规定的完工日期顺延,避免支付工期延误违约金的风险;
(2)费用索赔,目的是得到费用补偿,使承包人所遭遇到的、超出工程计划成本的附加开支得到补偿。

二、索赔成立的基本条件

索赔成立的基本条件主要有以下四个方面:
(1)承包人按工程承包合同条款,在索赔事件发生后的规定时间内,向监理人和发包人提交了索赔意向报告。

(2)索赔报告中引用的合同条款正确,所报事件真实、资料齐全;报告中所提供的资料和证据应能说明索赔事件的全过程、索赔理由、索赔影响和索赔费用等;提供的相应(文书)证据,应已足以证明索赔事件已经造成了实际的、额外的费用增加或工期损失,且不是承包人应承担的风险所致。否则,监理人可退回报告,要求重新补充证据。

(3)索赔报告中提出的索赔要求基本合理,索赔费用在合同中没有被包含。对合同中明示或暗示的不予支付的费用和已包含在合同其他项目中支付的费用不得提出索赔。

(4)索赔事件对承包人的影响是客观存在的。

三、索赔的基本程序

在国际工程中,根据 FIDIC 合同条件对索赔程序的规定,索赔工作通常可细分为以下步骤:

1. 承包人提出索赔意向通知

在索赔事件发生后,承包人会抓住索赔机会,迅速作出反应,在一定时间内(FIDIC 合同条件规定为 28 天),向监理人和发包人递交索赔意向通知,声明将为此索赔事件提出索赔。该项通知是承包人就具体的索赔事件向监理人和发包人表示的索赔愿望和要求。如果超出这个期限,监理人和发包人有权拒绝承包人的索赔要求。

2. 承包人对索赔事件进行分析

一旦索赔事件发生,承包人应进行索赔处理工作,直到正式向监理人和发包人提交索赔报告。这一阶段要做许多具体的、复杂的工作,主要有:

(1)事态调查。通过对合同实施的跟踪、分析、诊断,发现了索赔机会,对它进行详细的调查和跟踪,以了解事件经过、前因后果,掌握事件详细情况。

(2)索赔事件原因分析。即分析这些干扰由谁引起,它的责任该由谁来负担。一般只有非承包人责任的干扰事件才有可能提出索赔。在实际工作中,干扰事件责任常常是多方面的,故必须进行责任分解,划分各人的责任范围,按责任大小,分担损失。这里特别容易引起合同双方争执。

(3)研究索赔理由。主要是指对合同条文的研究分析,必须按合同规定判明这些干扰事件是否违反合同,是否在合同规定的赔(补)偿范围之内。只有符合合同规定的索赔要求才有合法性,才能成立。

(4)损失调查。即为干扰事件的影响分析。它主要表现为工期的延长和费用的增加。如果干扰事件不造成损失,则无索赔可言。损失调查的重点是收集、分析、对比实际和计划的施工进度,工程成本和费用方面的资料,在此基础上计算索赔值。

(5)收集证据。索赔事件一发生,承包人应该抓紧证据的收集工作,并在干扰事件持续期间一直保持有完整的当时记录,这是索赔有效的前提条件。如果在索赔报告中提不出证明其索赔理由、干扰事件的影响、索赔值计算等方面的详细资料,索赔是不能成立的。在实际工程中,许多索赔要求因没有或缺少书面证据而得不到合理的解决。承包人应按监理人的要求做好并保持当时记录,并接受监理人的审查。

(6)起草索赔报告。索赔报告是上述各项工作的结果和总结,它是由合同管理人员在其他项目管理职能人员配合和协助下起草的;它表达了承包人的索赔要求和支持这个要求的详细依据;它将经由监理人、发包人、或调解人、或仲裁人的审查、分析、评价,所以它决定了承包人的索赔地位,是索赔要求能否获得有利和合理解决的关键。

3. 承包人提交索赔报告

承包人必须在合同规定的时间内向监理人和发包人提交索赔报告。FIDIC 合同条件规定,承包人必须在索赔意向通知发出后的 28 天内,或经监理人同意的合理时间内递交索赔报告。如果干扰事件持续时间长,则承包人应按监理人要求的合理时间间隔,提交中间索赔报告(或阶段索赔报告),并于干扰事件影响结束后的 28 天内提交最终索赔报告。

4. 监理人审查、分析、处理承包人的索赔要求

监理人在处理索赔问题中有以下权利:

(1)在承包人提出索赔意向通知后,监理人有权指令承包人做当时记录,并可以随时检查这些记录。

(2)监理人对承包人的索赔报告进行分析,通过分析索赔理由、索赔事件过程、索赔值计算,以评价索赔要求的合理性和合法性。如果认为理由不足,可以要求承包人作出解释,或进一步补充证据,或要求承包人修改索赔要求,除去不合理的索赔要求或索赔要求中的不合理部分。监理人作出索赔处理意见,并提交发包人。

(3)发包人在接到监理人的处理意见后,继续审查、批准承包人的索赔要求。此时常常需要承包人作出进一步的解释和补充证据,监理人也需就处理意见作出说明。三方就索赔的解决进行磋商,这里可能有复杂的谈判过程,经过多次讨价还价。对达成一致意见的,或经监理人和发包人认可的索赔要求(或部分要求),承包人有权在工程进度付款中获得支付。如果达不成协议,则总监理工程师有最后决定的权力。如果有一方或双方都不满意监理人的处理意见(或决定),则产生了争议。为此,双方可以按照合同规定的程序解决争议。

(4)对合理的索赔要求,总监理工程师有权将它纳入进度款支付中,出具付款证书,发包人应在合同规定的期限内支付。

总之,从承包人递交索赔报告到最终获得赔偿的支付是索赔的解决过程。这个阶段工作的重点是,通过谈判,或调解,或仲裁,使索赔得到合理的解决。监理人应该依据合同赋予的权力,认真做好审查、分析工作,力求提出承包人和发包人双方容易接受的、合理的处理意见,为使索赔得到合理解决奠定基础。

四、《中华人民共和国标准施工招标文件》关于索赔处理的规定

1. 承包人提出索赔

根据合同约定,承包人认为有权得到追加付款和(或)延长工期的,应按以下程序向发包人提出索赔。

(1)承包人应在知道或应当知道索赔事件发生后 28 天内,向监理人递交索赔意向通知书,并说明发生索赔事件的事由。承包人未在前述 28 天内发出索赔意向通知书的,丧失要求追加付款和(或)延长工期的权利。

(2)承包人应在发出索赔意向通知书后28天内,向监理人正式递交索赔通知书。索赔通知书应详细说明索赔理由以及要求追加的付款金额和(或)延长的工期,并附必要的记录和证明材料。

(3)索赔事件具有连续影响的,承包人应按合理时间间隔继续递交延续索赔通知,说明连续影响的实际情况和记录,列出累计的追加付款金额和(或)工期延长天数。

(4)在索赔事件影响结束后的28天内,承包人应向监理人递交最终索赔通知书,说明最终要求索赔的追加付款金额和延长的工期,并附必要的记录和证明材料。

2. 承包人索赔处理程序

(1)监理人收到承包人提交的索赔通知书后,应及时审查索赔通知书的内容、查验承包人的记录和证明材料,必要时监理人可要求承包人提交全部原始记录副本。

(2)监理人应按第3.5款商定或确定追加的付款和(或)延长的工期,并在收到上述索赔通知书或有关索赔的进一步证明材料后的42天内,将索赔处理结果答复承包人。

(3)承包人接受索赔处理结果的,发包人应在作出索赔处理结果答复后28天内完成赔付。承包人不接受索赔处理结果的,按第24条约定的争议解决方式办理。

3. 承包人提出索赔的期限

(1)承包人按第17.5款的约定接受了竣工付款证书后,应被认为已无权再提出在合同工程接收证书颁发前所发生的任何索赔。

(2)承包人按第17.6款的约定提交的最终结清申请单中,只限于提出工程接收证书颁发后发生的索赔。提出索赔的期限自接受最终结清证书时终止。

4. 发包人提出索赔

(1)发生索赔事件后,监理人应及时书面通知承包人,详细说明发包人有权得到的索赔金额和(或)延长缺陷责任期的细节和依据。发包人提出索赔的期限和要求与承包人提出索赔的期限和要求相同,延长缺陷责任期的通知应在缺陷责任期届满前发出。

(2)监理人按第3.5款商定或确定发包人从承包人处得到赔付的金额和(或)缺陷责任期的延长期。承包人应付给发包人的金额可从拟支付给承包人的合同价款中扣除,或由承包人以其他方式支付给发包人。

5. 争议的解决方式

发包人和承包人在履行合同中发生争议的,可以友好协商解决或者提请争议评审组评审。合同当事人友好协商解决不成、不愿提请争议评审或者不接受争议评审组意见的,可在专用合同条款中约定,采用向约定的仲裁委员会申请仲裁或者向有管辖权的人民法院提起诉讼方式中的一种解决。

(1)友好解决

在提请争议评审、仲裁或者诉讼前,以及在争议评审、仲裁或诉讼过程中,发包人和承包人均可共同努力友好协商解决争议。

(2)争议评审

友好协商解决不了的争议,可采用争议评审。争议评审的程序是:

①成立争议评审组。发包人和承包人应在开工日后的28天内或在争议发生后,协商成立

争议评审组。争议评审组由有合同管理和工程实践经验的专家组成。

②提交申请报告。由申请人向争议评审组提交一份详细的评审申请报告,并附必要的文件、图纸和证明材料,申请人还应将上述报告的副本同时提交给被申请人和监理人。

③提交答辩报告。被申请人在收到申请人评审申请报告副本后的28天内,向争议评审组提交一份答辩报告,并附证明材料。被申请人应将答辩报告的副本同时提交给申请人和监理人。

④举行调查会。争议评审组在收到合同双方报告后的14天内(专用合同条款另有约定除外),邀请双方代表和有关人员举行调查会,向双方调查争议细节;必要时争议评审组可要求双方进一步提供补充材料。

⑤做出书面评审。在调查会结束后的14天内(专用合同条款另有约定除外),争议评审组应在不受任何干扰的情况下进行独立、公正的评审,做出书面评审意见,并说明理由。在争议评审期间,争议双方暂按总监理工程师的裁定执行。

⑥执行评审意见。发包人和承包人接受评审意见的,由监理人根据评审意见拟定执行协议,经争议双方签字后作为合同的补充文件,并遵照执行。

(3)仲裁或起诉

发包人或承包人不接受评审意见,并要求提交仲裁或提起诉讼的,应在收到评审意见后的14天内将仲裁或起诉意向书面通知另一方,并抄送监理人。但在仲裁或诉讼结束前应暂按总监理工程师的指令执行。

合同争议发生后,除双方均同意停工外,双方都应继续履行合同,否则视为违约。

第二节 索赔费用的计算与支付

一、索赔费用的组成

索赔费用的主要组成部分同工程款的内容相似,按国际惯例一般包括直接费、间接费、利润和税金。直接费包括人工费、材料费和机械使用费;间接费包括工地管理费、保险费、利息、总部管理费等。承包人可以索赔的费用如图6-1所示。

从原则上说,只要属于承包人具有索赔权的工程成本增加,都是可以索赔的费用。但是,对于不同原因引起的索赔,承包人可索赔的具体费用内容是不完全一样的。哪些内容可以索赔,应该按各项费用的特点、条件进行分析论证。

二、索赔费用的计算

1. 计算原则

索赔费用都以赔(补)偿实际损失为原则。在索赔费用计算中主要体现以下两个原则:

(1)索赔的费用应反映实际损失。即索赔事件对承包人工程成本和费用的实际影响,这个实际影响也就是费用索赔值。实际损失包括直接损失和间接损失两个方面,直接损失是指承包人财产的直接减少,在实际工程中,常常表现为成本的增加和实际费用的超支;间接损失是指承包人可能获得利益的减少。

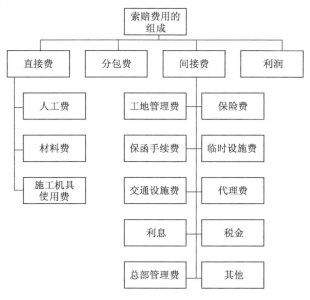

图6-1　索赔费用的组成

(2)实际损失必须是索赔事件引起的。所有索赔事件直接引起的实际损失,以及这些损失的计算都应有详细、具体的证明材料。在索赔报告中必须出具这些证明,没有证据,索赔是不能成立的。这些证据包括:各种费用支出的账单、工资表(工资单),现场用工、用料、用机证明,财务报表,工程成本核算资料等。

2. 计算内容及方法

(1)人工费。对于索赔费用中的人工费,是指完成合同之外的额外工作所花费的人工费用和由于非承包人责任的工效降低所增加的人工费用。计算方法是:

$$人工费用索赔额 = 各类人员的工资单价(按合同规定、或计日工资) \times$$
$$各类人员的人工数 \times 应赔偿(或延长)的天数$$

(2)材料费。由于发包人修改了工程内容,或需要重新施工,致使工程材料用量增加,则承包人可向发包人提出材料费用索赔。其计算方法是:

$$材料费用索赔额 = (实际使用的材料数量 - 原来材料数量) \times 使用材料的单价$$

(3)机械使用费。机械使用费的索赔包括:

①由于完成额外工作增加的机械使用费;

②非承包人责任工效降低增加的机械使用费;

③由于发包人或监理人原因导致机械停工的窝工费。

台班窝工费的计算,如系租赁设备,一般按实际台班租金加上每台班分摊的机械调进调出费用计算;如系承包人自有设备,一般按台班折旧费计算,而不能按台班费计算,因台班费中包括了设备使用费。其计算方法是:

$$机械费索赔额 = 新增机械费用 + 工效降低费用 + 停机窝工费用$$

新增机械费用 = 使用台班 × 机械台班合同单价

工效降低费用 = 合同规定的单价 × 台班 × 工效降低系数

停机窝工费用 = 机械停机数量 × 停机时间 × 合同规定的窝工单价

(4) 分包费用。分包费用索赔指的是分包人的索赔费,一般也包括人工、材料、机械使用费的索赔。分包人的索赔应如数列入总承包人的索赔款总额以内。

(5) 工地管理费。索赔款中的工地管理费是指承包人完成额外工程、索赔事项工作以及工期延长期间的工地管理费,包括管理人员工资、办公费等。但如果对部分工人窝工损失索赔时,因其他工程仍然进行,可不予计算工地管理费索赔。

(6) 利息。在索赔款额的计算中,经常包括利息。利息的索赔通常发生于下列情况:

①延期付款的利息;

②由于工程变更和工程延误增加投资的利息;

③索赔款的利息;

④错误扣款的利息。

至于这些利息的具体利率应是多少,在实践中可采用不同的标准,主要有这样几种规定:按当时的银行贷款利率;按当时的银行透支利率;按合同双方协议的利率。

(7) 总部管理费。索赔款中的总部管理费主要指的是工程延误期间所增加的管理费。这项索赔的计算目前没有统一的方法。在国际工程施工索赔中总部管理费的计算有以下几种:

①按照投标书中总部管理费的比例计算:

总部管理费 = 合同中总部管理费比率(%) × (直接费索赔款额 + 工地管理费索赔款额等)

②按照公司总部统一规定的管理费比率计算:

总部管理费 = 公司管理费比率(%) × (直接费索赔款额 + 工地管理费索赔款额等)

③以工程延期的总天数为基础,计算总部管理费的索赔额,计算步骤如下:

该工程向总部上缴的管理费 = 同期内公司的总管理费 × 该工程的合同额/同期内公司的总合同额

该工程的每日管理费 = 该工程向总部上缴的管理费/合同实施天数

索赔的总部管理费 = 该工程的每日管理费 × 工程延期的天数

(8) 利润。一般来说,由于工程范围的变更和施工条件变化引起的索赔,承包人是可以列入利润的。但对于工程延误的索赔,由于利润通常包括在每项实施的工程内容的价格之内,而延误工期并未影响削减某些项目的实施而导致利润减少,所以,一般的费用索赔不包括利润。

索赔利润的款额计算通常是与原报价单中的利润百分率保持一致,即以直接费乘以原报价单中的利润率作为该项索赔的利润。

三、索赔费用的审查

1. 索赔报告中通常存在的问题

发包人和承包人在对待同一索赔事件的态度上是相反的,对索赔事件的处理总希望能对自己有利,任何一份索赔报告都会存在漏洞和薄弱环节。在索赔报告中常见的问题如下:

(1)对合同理解的错误。承包人片面地从自己的利益和观点出发解释合同,这是一种正常现象。人们对合同常常不能客观地全面地分析,都作有利于自己的解释,导致索赔要求存在片面性和不客观性。索赔报告中没有贯彻合同精神,或没有正确引用合同的条文,所以索赔理由不足。

(2)承包人有推卸责任,转移风险的企图。在索赔报告中所列的干扰事件可能全部是、或部分是承包人管理不善造成的问题,或索赔要求中包括属于合同规定是承包人自己风险范围内的损失。

(3)扩大事实,夸大干扰事件的影响,或提出一些不真实的干扰事件和没有根据的索赔要求。

(4)在索赔报告中未能提出支持其索赔的详细资料,无法对索赔要求作出进一步解释,属于索赔证据不足,或没有证据。

(5)索赔值的计算不合理,多估冒算,漫天要价。按照通常的索赔策略,索赔者常常要扩大索赔额,给自己留有充分的余地,以争取有利的解决。例如将自己因管理不善造成的损失和属于自己风险范围内的损失纳入索赔要求中;扩大干扰事件的影响范围;采用对自己有利而不合理的计算方法等。所以索赔值常常会有虚假成分,甚至可能离谱太远。

这些问题在索赔报告中屡见不鲜。如果认可这样的索赔报告,则发包人在经济上要受到损失,而且这种解决也是不合理的、不公平的。所以监理人对承包人的索赔报告必须进行全面地、系统地分析、评价、反驳,以找出问题,剔除不合理的部分,为索赔的合理解决提供依据。

2. 监理人对索赔报告的审查

监理人对承包人提交的索赔报告可以从以下几个方面进行审查、核实。

(1)审查索赔事件的真实性。不真实、不肯定、没有根据或仅出于猜测的事件是不能提出索赔的。事件的真实性可以从以下两个方面证实:

①承包人索赔报告中的证据。不管事实怎样,只要承包人在索赔报告中未提出事件经过的得力证据,监理人可要求承包人补充证据,或否定索赔要求。

②监理人注意合同跟踪。从合同管理中寻找承包人不利的因素和条件,构成否定承包人索赔要求的证据。

(2)分清索赔事件的责任。有些干扰事件和损失往往是存在的,但责任并不完全在发包人。通常有以下三种情况:

①责任在于索赔者承包人自己,由于承包人自己疏忽大意,管理不善造成损失,或在干扰事件发生后未采取得力有效的措施降低损失,或未遵守监理人的指令和通知等。

②干扰事件是其他方面原因引起的,不应由发包人赔偿。

③合同双方都有责任,则应按各自的责任分担损失。

(3)分析索赔理由。监理人应在审查索赔报告的同时,努力为发包人寻找对发包人有利的合同条文,尽力推卸发包人的合同责任;或找到对承包人不利的合同条文,使承包人不能推卸或不能完全推卸自己的合同责任,这样可以从根本上否定承包人提出的索赔要求。例如:

①承包人未能在合同规定的索赔有效期内提出索赔,故该索赔无效;

②索赔事件在合同规定的承包人应承担的风险范围内,不能提出索赔要求,或应从索赔中扣除这部分;

③索赔要求不在合同规定的赔(补)偿范围内,如合同未明确规定,或未具体规定补偿条件、范围、补偿方法等;

④索赔事件的责任虽然是发包人的责任,但合同规定发包人没有赔偿责任,例如合同中有对发包人的免责条款,或合同规定不予赔偿等。

(4)分析索赔事件的影响程度和范围。首先分析索赔事件和影响之间是否存在因果关系,分析干扰事件的影响范围。如在某工程中,承包人负责的某种材料未能及时运达工地,使分包人分包的工程受到干扰而拖延,但拖延天数在该工程活动的自由时间差范围内,不影响工期。且承包人已事先通知分包人,而施工计划又允许人力作调整,则不能对工期和劳动力损失提出索赔。又如发包人拖延交付图纸造成工程延期,但在此期间,承包人又未能按合同规定日期安排劳动力和管理人员进场,则工期可以顺延,但工期延长对费用影响比较小,不存在对承包人窝工费用的赔偿。又如干扰事件发生后,承包人能够但没有采取积极措施来避免或降低损失,未能及时通知监理人,而是听之任之,扩大了干扰事件的影响范围和影响量,则造成这扩大部分的损失应有承包人自己承担。

(5)审查索赔证据的可靠性。对证据不足、证据不当或仅具有片面证据的索赔,监理人可认为该索赔的证据缺乏可靠性,索赔不成立。证据不足,即证据不足以证明干扰事件的真相、全过程或证明事件的影响,需要重新补充。证据不当,即证据与本索赔事件无关或关系不大,证据的法律证明效力不足。片面的证据,即承包人仅具有对自己有利的证据。

例如合同双方在合同实施过程中,对某问题进行过两次会谈,作过两次不同决议,则按合同变更次序,第二次决议(备忘录或会议纪要)的法律效力应优先于第一次决议。如果在该问题相关的索赔报告中仅出具第一次会议纪要作为双方决议的证明,则它是片面的、不完全的。

又例如,尽管对某一具体问题合同双方有过书面协商,但未达成一致意见,或无最终确定,或没有签署附加协议,则这些书面协商无法律约束力,不能作为证据。

(6)审核索赔费用的计算。监理人在对索赔项目和索赔内容审核的基础上,还应该对承包人关于索赔费用的计算进行审查,主要审查用于费用计算的单价和费率。在监理工作实践中,可按以下原则确定单价和费率:

①选用工程量清单中相应项目的单价。当费用索赔项目与工程量清单中某项目(或者是项目的一部分)的性质一致或基本一致时,应该直接采用工程量清单中的单价或从工程量清单中有关单价推算出的价格来计算索赔费用。

②采用协商费率。当费用索赔项目与工程量清单中某项目相差太大,无法套用工程量清单中的单价和费率时,只有通过发包人、监理人、承包人三方共同协商,采用一个三方均认可的单价和费率来计算索赔费用。这是较为常用的方法,但三方意见往往较难统一。

③采用现行法规的规定计算索赔费用。在索赔费用的计算中,如果工程量清单中的单价不适应,协商费率各方意见又不统一,这时就需要监理人来确定一个公平、合理的费率。实践证明,采用由省、部级以上政府正式颁布的有一定法律效力的有关定额和标准来确定费率,各方都比较容易接受。

④按有关票据计算。对于一些在费用索赔事件发生期间、承包人实际直接发生的且不需要采用费率来计算的费用,如水电费、设备的租用费等,可按承包人出示的正式票据中的金额来进行计算。

上述四种确定单价与费率的方法,除第一种外,其余三种方法在计算索赔费用时往往共同使用。即可以通过协商确定的,应通过协商来确定;协商不成的,监理人应按正式规定和公布的标准来确定;最后才能考虑按承包人提供的正式票据等来确定。

3. 常见索赔证据

(1)招标文件、施工合同文本及附件,其他各种签约(如备忘录、修正案等),经认可的工程实施计划、各种工程图纸、技术规范等。这些索赔的依据可在索赔报告中直接引用。

(2)双方的往来信件。

(3)各种会议纪要。在施工合同履行过程中,发包人、监理人和承包人定期或不定期的会谈所做出的决议或决定,是施工合同的补充,应作为施工合同的组成部分。但会议纪要只有经过各方签署后才可作为索赔的依据。

(4)施工进度计划和具体的施工进度安排。施工进度计划和具体的施工进度安排是工程变更索赔的重要证据。

(5)施工现场的有关文件,如施工记录、施工备忘录、施工日报、工长或检查员的工作日记、监理人填写的施工记录等。

(6)工程照片。照片可以清楚、直观地反映工程具体情况。照片上应注明日期。

(7)气象资料。

(8)工程检查验收报告和各种技术鉴定报告。

(9)工程中送停电、送停水、航行通告、道路开通和封闭的记录和证明。

(10)官方的物价指数、工资指数。

(11)各种会计核算资料。

(12)建筑材料的采购、订货、运输、进场、使用方面的凭据。

(13)国家有关法律、法令、政策文件。

四、索赔费用的支付

一旦确定了索赔金额,就应当及时支付给承包人。一般在进度款支付证书中将其作为一个支付项目来处理。

然而,由于索赔的争议较大,所以许多索赔项目往往需要经历一段时间才能处理完毕。因此,如果出现整项索赔没有结果的情况,通常可以将总监理工程师已经认可的那一部分在进度款支付证书中进行暂定支付,这种支付就是一项持续索赔的临时付款。由此可见,索赔的处理过程虽然繁杂,但是索赔费用的支付却十分简单。

总之,索赔在施工合同中是经常出现的,并且费用可观,总监理工程师应针对各种索赔原因采取切实有效的措施,从而达到有效地控制索赔费用,降低工程造价的目的。其中最关键的一条就是按合同文件要求认真做好各项工作,全面熟悉有关工地及其环境、工程计划、合同条件、技术规范以及招投标等方面的业务,使自己在索赔费用支付中处于有利地位。

第三节 索赔费用支付实例

一、常见的索赔内容

(一)不利的自然条件与人为障碍引起的索赔

不利的自然条件是指施工中遭遇到的实际自然条件比招标文件中所描述的情况更为困难和恶劣,已经超出承包人应该承担的合同风险范围。这些不利的自然条件和人为障碍增加了施工的难度,导致了承包人必须花费更多的时间和费用。在这种情况下,承包人可以根据合同条件通过监理人向发包人提出索赔要求。《中华人民共和国标准施工招标文件》(2007年版)第11.4款关于异常恶劣的气候条件有明确规定:"由于出现专用合同条款规定的异常恶劣气候的条件导致工期延误的,承包人有权要求发包人延长工期"。交通部《水运工程标准施工招标文件(JTS 110-8—2008)》第11.4.1目规定:"异常恶劣的气候条件是指水运工程水域施工作业难以正常进行或须采取其他补救措施才能进行的气候条件。一般是指:

(1)持续高温:连续三日日最高气温38℃以上;

(2)持续低温:连续三日日最低气温-20℃以下;

(3)大风天气:施工水域日风力在6级以上且持续时间不少于4小时,或阵风大于8级;

(4)暴雨天气:日降雨量50mm及以上,或者降雨强度大于20mm/h;

(5)暴雪天气:日降雪量10mm及以上;

(6)流速或波浪:内河3.5m/s及以上流速,海上2m及以上的大浪和强浪;

(7)水淹:施工场地大部或全部被潮水、洪水或雨水淹没超过1天;

(8)大雾:定点施工船舶能见度小于50m的雾天超过1天;运动船舶按有关规定"。

1. 特殊地质条件引起的索赔

一般来说,在招标文件中,发包人已提供该工程项目有关的水文及地表以下的勘察资料。而且在招标文件中往往写明承包人在提交投标书之前,已对现场和周围环境包括地表以下条件及水文和气候条件及与之有关的资料进行了考察和检查,即承包人应对自己关于上述资料的解释负责。但合同条件中经常还有另一条:在工程施工过程中,承包人如果遇到了现场、气候条件以外的外界障碍或条件,在他看来这些障碍和条件是一个有经验的承包人也无法预见到的,则承包人可以就此问题向监理人提出相应的索赔要求,并将一份副本呈交发包人。收到此类通知后,如果监理人认为这类障碍或条件是一个有经验的承包人无法合理地预见到的,在与发包人、承包人适当协商以后,应给予承包人延长工期和费用补偿。合同文件中的上述两条,往往是承包人同发包人及监理人各执一端争议的缘由所在。

例如,某承包人通过投标获得一项铺设管道工程,依据标书中介绍的情况进行了报价。工程开工后,当挖掘深度达7.5m时,遇到了严重的地下水,不得不安装抽水系统,并开动抽水系统达75天之久,承包人对此不可预见的额外成本提出索赔要求。但监理人根据承包人投标时已经承认考察过现场并了解施工条件,包括地表以下条件和水文条件等,认为安装抽水机是承包人自己的事,拒绝补偿任何费用。承包人则认为这是发包人提供的地质资料不实造成的。监理人则解释为,地质资料是确实的,钻探是在 5 月中旬进行,这意味着是在旱季季尾,而承包人的挖掘工作是在雨季中进行,承包人应预先考虑到会有较高的地下水位,这种风险不是不可预见,因此监理人拒绝索赔。

2. 人为障碍引起的索赔

在施工过程中,如果承包人遇到了地下构筑物或文物,如地下电缆、管道和各种装置等,只要是图纸上并未说明的,承包人应立即通知监理人,并共同讨论处理方案。如果导致工程费用增加(如原计划是机械挖土,现在改为人工挖土),承包人即可提出索赔。这种索赔发生争议较少,因为地下构筑物和文物等确属一个有经验的承包人也难以预见的人为障碍。一般情况下,这种因遭遇人为障碍而要求索赔的数额并不太大,但闲置机械而引起的费用是索赔的主要部分。为了减少这种突发障碍(或事故)对费用控制的影响,监理人应及时要求承包人调整其工作计划,以便使闲置的机械和人员尽早投入新的工作。当这种索赔成立,所产生的影响是不可避免时,监理人应立即与承包人就解决问题的办法和有关费用达成协议。如果达不成协议的话,监理人可签发变更命令,并确定合适的费率和价格,以免对工程进度造成影响。

(二) 工期延长和延误的费用索赔

工期延长和延误的费用索赔通常包括两个方面:一是承包人要求延长工期;二是承包人要求偿付由于非承包人原因导致工程延误而造成的损失。一般情况下,这两个方面的索赔报告要求分别编制,因为工期索赔和费用索赔并不一定同时成立。例如,由于特殊的气候、特殊的水文年和特殊的其他原因承包人可以要求延长工期,但不能要求赔偿费用;也有些延误时间并不在关键路线上,承包人可能得不到延长工期的承诺,但是,如果承包人能提出证据说明其延误造成的损失,就有可能获得这些损失的赔偿。有时两种索赔可能混在一起,既可以要求延长工期,又可以获得对其损失的赔偿。

1. 工期索赔

承包人提出工期索赔,通常是由于下述原因:

(1)合同文件的内容出错或互相矛盾;
(2)监理人在规定的时间内未曾发出承包人要求的图纸和指示;
(3)有关施工放样的资料不准;
(4)对施工不利的自然条件;
(5)在现场发现化石、钱币、有价值的物品或文物;
(6)额外的样本与试验;
(7)监理人命令暂停工程施工;
(8)发包人未能按时提供施工现场;
(9)发包人违约;
(10)发包人风险造成的对工程的破坏。

以上这些原因要求延长工期,只要承包人提出合理的证据,一般可获得监理人及发包人的同意。

2. 费用索赔

在以上提出的工期索赔中,凡属于客观原因如特殊天气、工人罢工等,造成的工程拖期,承包人可得到延长工期,但得不到费用补偿;凡纯属发包人方面的原因造成的工程拖期,不仅应给承包人延长工期,还应给予费用补偿。

(三)加速施工的费用索赔

水运工程施工常常会遇到各种意外的情况或由于工程变更而需要延长工期。但由于发包人的原因(例如考虑该工程的社会效益等),坚持不给延期,要求承包人加班加点赶工来完成工程,从而导致工程成本增加。但如何确定加速施工所发生的附加费用,合同双方的要求和愿望可能相差很大,因为影响附加费用的因素很多,如:投入的资源量,提前完工的天数,加班津贴,施工新单价等。可以在专用条款中规定提前竣工奖励的相关条款,采用"奖金"的办法来解决加速施工需要增加费用的问题,可以规定当某一部分工程或分部工程每提前完工一天,发给承包人奖金若干,鼓励承包人克服困难,加速施工。这种支付方式的优点是:不仅促使承包人早日建成工程,早日投入运行,而且计价方式简单,避免了计算加速施工、延长施工时间、调整单价等许多容易扯皮的繁琐计算。

(四)法规、政策变化引起的索赔

1. 法规变化引起的索赔

如果在投标截止日期前的28天以后,由于发包人所在国家或地方的任何法规、法令、政令或其他法律或规章发生了变更,导致了承包人施工成本增加,对承包人由此增加的开支,发包人应予补偿。

2. 货币及汇率的变化引起的索赔

如果在投标截止日期前的28天以后,工程施工所在国政府或其授权机构对支付合同价格的一种或几种货币实行货币限制或货币汇兑限制,则发包人应补偿承包人因此而受到的损失。

(五)拖延支付工程款的索赔

如果发包人没有按时支付工程进度款,承包人可在提前通知发包人的情况下,暂停工作或减缓工作速度,并有权获得任何误期的补偿和其他额外费用的补偿(如利息)。

(六)发包人风险和特殊风险的索赔

工程承包合同对特殊风险都有明确的规定,一般是指战争、敌对行动、入侵、外敌行动;工程所在国的叛乱、革命、暴动、军事政变或篡夺政权;内战、核燃料燃烧后的核废物,放射性毒气爆炸等。由于特殊风险产生的后果可能是非常严重的,许多合同都规定:承包人不仅对由此而造成工程、发包人或第三方财产的破坏和损失及人身伤亡不承担责任,而且发包人应保护和保障承包人不受上述特殊风险的损害,并免于承担由此而引起的与之有关的一切诉讼及其费用。相反,承包人还可以得到由此损害引起的任何永久性工程及其材料的付款及合理的利润,以及一切修复费用及重建费用。这些费用还可以包括由上述特殊风险而导致的费用增加。如果由于特殊风险而导致合同终止,承包人除可以获得应付的一切工程款和上面的损失费用外,还可以获得施工机具设备的撤离费用和人员遣返费用等。

此外,还有由于工程变更引起的索赔、物价上涨引起的索赔、发包人原因终止工程引起的索赔等。

二、索赔示例

随着我国社会主义市场经济体系的不断完善,水运工程建设在施工管理上全面推行监理制将更加成熟。但在现阶段的工程实践中,承包人和发包人利用索赔手段解决合同纠纷的情况还不是十分规范。往往在索赔事件发生后,一方面承包人的索赔意识还不强,索赔愿望不强烈,当然也有承包人把自身的责任和义务作为索赔理由向发包人提出索赔要求;另一方面发包人对利用索赔方式处理问题的认识还不够充分,对处理索赔事件的态度不够积极。以下列举的几个索赔示例都作了适当简化,仅供参考。

例 6-1 某航道土方开挖工程项目采用水力疏浚、陆上吹填的施工方案,在施工组织设计中,施工方法为分层分期吹填,吹填区的围埝设计成分层填筑。在实际施工过程中,由于泥浆的沉淀速度慢及吹填(堆土)区容积小,影响了施工机(械)组的工作效率和工程进度,承包人根据 FIDIC 合同条件第 42 条的精神提出如下索赔:

(1)要求延长工期 30 天;
(2)要求增加吹填(堆土)区用地面积 23 亩;
(3)机械、人员闲置(窝工)费用补偿 67 500 元,

其中:人工费 20 元/人天 ×75 人 ×30 天 = 45 000 元
机械费 150 元/台天 ×5 台 ×30 天 = 22 500 元

监理人针对该项索赔,进行了及时、详细的调查研究,根据实际情况向发包人作了详细的汇报,并提出了处理意见,经发包人同意后最终作出如下解释和决定:

(1)经吹填试验发现,泥浆沉淀速度比较慢,难以满足施工进度的要求,分层填筑吹填(堆土)区围埝的施工方案已无法实现。为此,监理人已明确指示,要求承包人结合实际情况及时调整施工方案,对后续吹填(堆土)区的围埝施工方案改分层填筑为一次施工完成。经测算,填筑吹填(堆土)区围埝的单价在原中标单价的基础上补贴 1.29 元/m^3,增加的土方工程数量按监理人的通知要求计量。

(2)为加快施工进度,同意适当增加吹填(堆土)区用地面积,不同意延长工期。因为,造成工期延误的原因并不是发包人的责任,作为一名有经验的承包人,完全能够预计粉沙土在吹填(堆土)区内的沉降速度和需要多少时间才能进行第二层围埝施工。

(3)机械、人员闲置(窝工)费用索赔不成立,承包人提出的索赔原因,早在监理人通知中已明确提出了解决问题的措施和办法。

例 6-2 某土方工程项目,在招标文件中标明的土质为:以细粉沙土为主,并夹有亚黏土、泥炭、淤泥及杂填土,在施工区段主要为细粉沙土,推荐利用水力冲挖机具边冲挖、边吹填连续作业的施工方案。在投标前承包人曾经到工地现场进行踏勘,投标时承包人就此方案进行施工设计并报价。工程实施后,在冲挖完成 1m 厚的表面土层后,发现在部分区域存在硬土,这种土质靠水力冲挖机具根本无法施工,此时要更改施工方案的难度较大。为此,承包人根据 FIDIC 合同通用条件第 20.4 条和第 53 条,就硬土事件向监理人提出以下经济补偿(索赔)等意向:

(1)申请变更施工方案及工艺,对由于施工方案的改变而增加的费用要求发包人给予经济补偿;

(2)目前施工现场的施工机械已无法施工,已于12月20日停工,为此要求发包人对由于人、机闲置(窝工)增加的额外费用给予经济补偿;

(3)硬土土方的开挖难度远远大于粉沙土的开挖,为此要求调整土方开挖单价,补偿为开挖硬土土方而增加的费用;

(4)由于硬土问题造成了工程延误,要求发包人延长工期。

监理人根据实际情况和合同条件的规定进行了大量的调查研究、土工试验。土工试验结果表明该硬土属于硬塑亚黏土,不宜使用水力冲挖机具施工;在较短的时间内,工程沿线先后又发现了几处硬土,经过驻地监理人员和承包人共同进行的现场测量、计算统计,结果表明,沿线属于硬塑亚黏土的土方数量约60万立方米。监理人就此问题专门向发包人作了及时报告,并提出了处理问题的初步方案,征求发包人的意见。通过同发包人和承包人的协商,监理人对上述索赔作出如下处理决定:

(1)同意承包人修改施工方案,及时调整施工工艺,同时要求承包人抓紧施工赶上进度,不同意延长施工工期。

(2)建议承包人及时将由于硬土问题闲置的施工人员和机械调配到其他区段施工,不同意关于闲置费用的索赔。

(3)关于对硬塑亚黏土和砖杂土的开挖,应及时调整施工方法,土方单价在原来中标单价的基础上补助2.74元/m^3,支付数量按实计量。同时要求驻地监理人员及时对硬塑亚黏土和砖杂土土方工程量的测量及计算,按照实际发生的数量准确计量。

例 6-3 某整治工程的合同工期从1990年9月1日到1992年4月30日,在施工过程中,正遇上省水利工程预算定额进行政策性调整,调整后的预算定额从1991年7月1日起执行。对此,承包人依据本工程合同文件特殊合同条件第四条中增加的条款,提出要求增加工程费用的意向(调整合同价格)。

在特殊合同条件第四条关于合同范围内容中增加了一些条款,其中第三款规定"在合同执行期间,国家对机械台班费(包括劳务工资)和工资性津贴有政策性调整时,发包人将根据本省水利工程预算定额的变化,按发生的价差相应进行调整";在第四款规定"由于定额改变,引起的价差调整范围为:新的机械台班费和工资性津贴,……从公布施行之日起,以后进行的工程项目中所实际发生的机械台班费和工资性津贴,在此之前已经完工部分及已经发生的相应费用均不予调整"。

根据以上情况监理人决定如下:

(1)1991年7月1日前已建(完成)的合同工程和设计变更以及额外工程,不论支付与否,一律不再进行价格调整。

(2)监理人在1991年7月1日以后通知或指示实施的额外工程和设计变更增加(或者减少)的工程,按合同工期完成且工程质量达到设计要求的项目均可按实进行价格调整。

(3)1991年7月1日以后完成的全部合同内项目,只要能在合同工期内完成并且满足质量要求,同样可以按照实际情况进行价格调整。

思考题与习题

1. 简述索赔的概念及分类方法。
2. 分析体会索赔成立的基本条件。
3. 简述索赔的基本程序。
4. 从索赔事件发生起到正式提交索赔报告为止,在这段时间内,承包人应进行哪些索赔处理工作?
5. 分析认识索赔费用的计算原则和计算方法。
6. 认识索赔报告中通常存在的问题。
7. 监理人对索赔报告是如何进行审查的?
8. 结合自身工作实际,监理人应如何采取监理措施防止或减少索赔事件的发生,试举例说明之。
9. 在水运工程施工过程中,常见的索赔证据有哪些?
10. 《中华人民共和国标准施工招标文件》关于索赔处理提出了哪些规定?解决索赔争议有哪几种方法?
11. 简述争议评审的程序有哪些?
12. 交通部《水运工程标准施工招标文件(JTS 110-8—2008)》规定的"异常恶劣的气候条件"包括哪些情况?

第七章 支付证书及相关表格

[**本章内容要点**] 主要介绍两类支付证书的特点和与费用(支付)控制有关的监理用表,供读者在工作中参考。

第一节 支付证书

监理人在工程费用监理过程中的工作,最终集中体现在有关支付表格和支付证书上。也就是说,支付表格和支付证书的内容和结果最终反映了工程费用监理工作的成效,也反映了施工过程中各种费用的实际支付状况。因此,有必要对支付证书及有关表格作简要介绍。

一、支付证书分类

支付证书是发包人向承包人付款的唯一凭据,由监理人依据工程承包合同的要求签发,正本提交发包人,副本给承包人。支付证书可分为进度款支付证书、竣工结算支付证书和最终结清支付证书三大类。进度款支付证书是工程实施过程中每月一次的工程进度的中期支付凭证。竣工结算支付证书是合同工程项目通过竣工验收,工程质量验收合格,发包人同意接受工程并交付使用,同时颁发工程接收证书;合同工程实际造价通过监理人的审核和审查和发包人委托工程造价咨询机构进行竣工结算的专项审计,最终确定工程造价。竣工结算支付证书是对合同工程最终工程造价的支付凭证。最终结清支付证书是发包人与承包人之间的最后一次结算,在确认承包人的遗留工程及缺陷工程已完成并达到本项目合同标准、签发"工程保修终止证书"后的最后一次支付凭证。

二、支付证书特点

(一)支付证书的共性

(1)三类支付证书都是由总监理工程师在认真审核的基础上签发的。没有总监理工程师的签名,发包人可以拒绝支付(除非合同另有规定)。

(2)三类支付证书都反映了发包人和承包人之间的经济往来。

(3)三类支付证书应附有足够、详实的证明材料,用来证明支付项目和支付数量等都是有依据的、准确的。

(4)三类支付证书都可作为发包人向承包人付款的凭证。

(二)支付证书的差别

三类支付证书的差别主要体现在以下几个方面:

1. 时间的跨度不同

进度款支付证书是在整个合同工程进行过程中办理的支付凭证,所包含的时间长度一般只有一个月。竣工结算支付证书是合同工程项目通过竣工验收、交付使用,同时合同工程造价经过竣工结算的专项审计,对最终工程造价的支付,所包含的时间长度整个合同工程的实际施工工期。最终结清支付证书是发包人与承包人之间的最后一次结算,发包人签发"工程保修终止证书"后的最后一次支付凭证,所包含的时间长度通常情况应该是合同规定的缺陷责任期。

2. 要求的精度不同

进度款支付证书具有临时性,且有暂时支付项目,如果开出之后发现其中有错,监理人可以通过后续的中期支付证书予以修正,一般不会带来不利影响,所以其支付额的精度要求相对要低一些。然而,竣工结算支付证书和最终结清支付证书是合同双方关于施工期和缺陷责任期的最后一次结算,如果出错,没有时间和机会来加以修正,因此必须保证准确无误。

3. 支付的内容不同

进度款支付证书中可以进行暂定支付,例如索赔费用,通常争议较大,处理时间较长,因此,若出现整项索赔短期内难以结案的情况,则监理人可将其已经认可的那一部分费用通过进度款支付证书支付给承包人;又如工程变更和价格调整,如果合同双方当时难以取得一致意见,而涉及的费用又较大,则监理人也可以根据合同条件的规定,确定暂时支付的款额,以减少承包人资金周转的压力。竣工结算支付证书和最终结清支付证书中则不允许出现这些内容,它必须对所有各期支付证书进行清理,对这些暂定支付项目作全面清算,从而确定整项索赔和变更以及价格调整等的最终款额。

4. 支付的程序不同

(1)进度款支付。按照《中华人民共和国标准施工招标文件》的规定,进度款支付程序如图7-1所示。

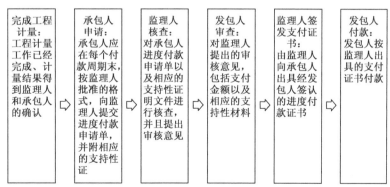

图7-1 进度款支付程序示意图

(2)竣工结算支付。按照《中华人民共和国标准施工招标文件》的规定,竣工结算支付程序如图7-2所示。

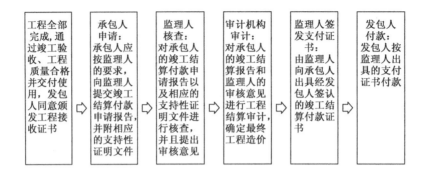

图 7-2　竣工结算支付程序示意图

(3) 最终结清支付。按照《中华人民共和国标准施工招标文件》的规定，最终结清支付程序如图 7-3 所示。

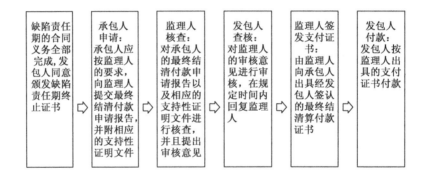

图 7-3　最终结清算支付程序示意图

5. 付款的时间不同

按照《中华人民共和国标准施工招标文件》的规定，各种支付证书对应的费用支付的时间要求是不一样的。

(1) 进度付款证书的支付时间要求。监理人在收到承包人进度付款申请单以及相应的支持性证明文件后的 14 天内完成核查；经发包人审查同意后，由监理人向承包人出具经发包人签认的进度付款证书；发包人应在监理人收到进度付款申请单后的 28 天内，将进度应付款支付给承包人。

(2) 竣工付款证书的支付时间要求。监理人在收到承包人提交的竣工付款申请单后的 14 天内完成核查，提出发包人到期应支付给承包人的价款送发包人审核并抄送承包人。发包人应在收到后 14 天内审核完毕，由监理人向承包人出具经发包人签认的竣工付款证书。发包人应在监理人出具竣工付款证书后的 14 天内，将应支付款支付给承包人。

(3) 最终结清证书的支付时间要求。监理人收到承包人提交的最终结清申请单后的 14 天内完成审核；发包人应在收到监理人审核意见后的 14 天内审核完毕，并且由监理人向承包人出具经发包人签认的最终结清证书;发包人应在监理人出具最终结清证书后的 14 天内,将应支付款支付给承包人。

这里需强调的是,如果所在工程项目的合同条件对进度款支付、竣工结算支付和最终结清支付的支付时间另有规定,则以所规定的时间为准。

由于竣工结算支付证书是处理发包人和承包人之间费用结算事宜的最后环节,所以要求监理人重点注意以下几个方面的问题:

①要以进度款支付证书为基础,在签发竣工结算支付证书前,处理好所有有争议的款项,特别是对争议较大的索赔费用应引起高度重视,尽早解决;

②要以合同为依据处理好竣工结算支付的基础工作;

③要配合发包人和审计机构做好合同工程竣工结算的审计工作,全面清理和准确核定实际费用,最终确定合同工程的实际造价。

因此,监理人必须在反复研究和准确掌握合同规定的基础上,严肃认真地做好竣工结算支付的各项基础性工作。

第二节 支 付 表 格

一、支付表格的作用

由于支付表格具有直观、简明地表明各种工作内容的特性,同时又有利于检查、复核和认可的作用,因此,监理人在实际的监理工作中,和其他监理业务一样,大量使用各种工作报表,并通过对一系列报表的科学设计和严格管理,使费用监理工作标准化和规范化。通过对各种表格的管理来反映整个监理工作,在具体的监理实践中可按合同规定和要求,结合实际工作,设计相应的监理工作表式。

计量支付表格是所有监理表格中的一部分,这里我们只是对相关计量支付的表格作简要介绍。

二、计量支付工作表格的类别

按工作报表的第一填报者来分类,所有计量支付表格可分为承包人用表、发包人用表和监理用表三大类。

承包人用表必须由承包人认真细致填写,必须按监理人指定的标准格式和要求填写,并及时报监理人审核。这些用于计量支付的报表是监理人编报支付证书的直接基础。

监理用表由监理人(或监理人员)填写,主要用于对整个监理工作的管理,及时反映工程实施的状态,在表中应正确反映承包人所需要的工程施工信息。

发包人用表主要是指为了全面了解、掌握工程实施和工程费用的支付情况而设置的一些统计报表。如果是世界银行贷款项目,则发包人还应向世界银行提交支付报表。

在整个支付过程中,这三类支付报表组成一个完整的支付流程,通过它可反映支付情况并对支付实行全面控制。

三、计量支付工作表格之间的相互关系

各种计量支付表格之间的相互关系,反映了严格的计量支付流程。工程项目(或者工程内容)获得中间交工证书(或者称为工程质量认可书)后,就进入计量支付程序。反映计量支付程序的示意图如图 7-4 所示。

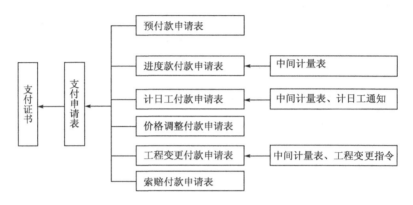

图 7-4　各种表格相互关系示意图

四、计量支付相关表格

计量支付的部分表格如表 7-1 ~ 表 7-13 所示。不同的工程项目和要求,可设计为不同的表式,这里所示的表式仅供参考。

支付证书

表 7-1

（进度款支付□、竣工结算支付□、最终结清支付□）

承包人：_____ 合同编号：_____
监理人：_____ 支付证书编号：_____

序号	项目编号及项目内容	到上期末累计支付金额(元)	原合同价金额(元)	本期支付金额(元)		
				承包人申请	监理人审核	发包人审核
1	100100					
2	100200					
3	100300					
4	100400					
5	100500					
6	100600					
7	100700					
8	100800					
9	100900					
10	101000					
11	101100					
12	清单项目小计					
13	预付款					
14	索赔金额					
15	价格调整					
16	计日工金额					
17	工程变更					
18	违约金					
19	其他支付					
20	合计					
21	扣回预付款					
22	扣保证金					
23	违约金					
24	其他扣款					
25	应支付金额					

附件：支付申请表及编号

计量支付
监理工程师：_____ 总监理工程师：_____ 发包人：_____
日　　期：_____ 日　　期：_____ 日　　期：_____

支 付 申 请 表　　　　　　　　　　　表 7-2

承包人：_____　合同编号：

监理人：_____　支付申请表编号：

监理人：
兹申请支付_____年_____月_____日至_____年_____月_____日完成的所有合同工程款项,合计工程费用_____(元)。

　　　　　　　　　　　　　　承包人：_____　日　期：_____

序号	项目编号及项目内容	分项工程计量汇总表及编号	原合同价金额(元)	到上期已累计支付总额(元)	本期申请支付金额(元)	监理人审核(元)
1	100100					
2	100200					
3	100300					
4	100400					
5	100500					
6	100600					
7	100700					
8	100800					
9	100900					
10	101000					
11	101100					
12	小计					
13	预付款					
14	索赔金额					
15	价格调整					
16	计日工金额					
17	工程变更					
18	违约金					
19	其他支付					
20	合计					
21	扣回预付款					
22	扣保证金					
23	违约金					
24	其他扣款					
25	支付合计					

监理人审核意见：
计量支付监理工程师：_____　日期：_____

注：此表为支付证书附件。

分项工程(清单项目)计量汇总表

表 7-3

承包人：_____　　合同编号：_____
监理人：_____　　计量汇总表编号：_____
分项工程项目编号：_____　　起讫时间：始_____ 至_____

项目编号	项目名称	中间计量表编号	单位	数量	合同单价	金额(元)	合同金额(元)
	合计						

承包人：_____　　监理人：_____

日　期：_____　　日　期：_____

注：此表为支付申请证明材料按照交通部《水运工程工程量清单计价规范(JTS 271—2008)》规定，清单项目分成11个分项项目，应该分别对每一个分项项目的计量结果进行汇总，以便统计支付。支付申请表中的支付项目分为清单项目和其他项目，汇总表也分为"分项工程(清单项目)计量汇总表"和"分项工程(其他项目)计量汇总表"两种。

分项工程(其他项目)计量汇总表

表 7-4

承包人：_____ 合同编号：

监理人：_____ 计量汇总表编号：

起讫时间：始_____至_____

序号	项目名称	计量证明表格及编号	承包人申请金额(元)	监理人审核(元)	备注
1	预付款				
2	索赔金额				
3	价格调整				
4	计日工				
5	工程变更				
6	违约金				
7	其他				
8	合计				

监理人审核意见：

监理人：_____ 日期：_____

注：此表为支付申请证明材料。

中 间 计 量 表 表 7-5

承包人：_____　　合同编号：
监理人：_____　　中间计量表编号：

支付项目		项目名称	
起讫桩号		部位	
计量单位		中间交工证书号	

工程量计算草图及工程数量：

　　　　　　　　　　　　　　　　　　　　　　承包人：_____ 日期：_____

驻地监理审核意见：

　　　　　　　　　　　　　　　　　　　　　驻地监理人：_____ 日期：_____

监理人审核意见：

　　　　　　　　　　　　　　　　　计量支付监理工程师：_____ 日期：_____

注：此表为"分项工程（清单项目）计量汇总表"的附件。

计日工中间计量表

表 7-6

承 包 人：_____ 合同编号：
监 理 人：_____ 计日工中间计量表编号：
计日工名称：_____ 计日工通知编号：

序号	人工、材料、机械名称	单位	用量	批准单价	合价(元)	监理人核定	
						用量	总价(元)
1							
2							
3							
4							
5							
6							
7							
8							
9							
10	合计						

工程量计算草图及工程数量：

附件：计日工工程质量检验认可书

承包人：_____ 日期：_____

监理人审核意见：

计量支付监理工程师：_____ 日期：_____

注：此表为"分项工程(其他项目)计量汇总表"的附件。

计日工作通知(第_____号) 表7-7

承包人：_____ 合同编号：
监理人：_____ 计日工通知编号：

承包人：_____：
　　现决定对下列工程以计日工方式进行实施,请据此执行,特此通知。

计日工作内容及要求：

计价及付款方式：

监理人：_____　日期：_____

承包人签收意见：

承包人：_____　日期：_____

注：①一式二份,承包人签收后自留一份,退回监理人一份；
　　②此表为"计日工中间计量表"的附件。

预 付 款 申 请 表　　　　　　　　　　　　　　表 7-8

承包人：_____　　合同编号：
监理人：_____　　预付款申请编号：

监理人：_____：
根据合同_____的规定,我已经完成所有合同要求的相关义务,依据合同_____的规定,申请支付预付款_____元。   附件：有关证明材料及资料 　　　　　　　　　　　　　　　　　　　　　　　　　　　　承包人：_____ 　　　　　　　　　　　　　　　　　　　　　　　　　　　　日　　期：_____
计量支付监理工程师审核意见：   　　　　　　　　　　　　　　　　　　　　　　　　　　计量支付监理工程师：_____ 　　　　　　　　　　　　　　　　　　　　　　　　　　日　　期：_____
总监理工程师审批意见：   　　　　　　　　　　　　　　　　　　　　　　　　　　　　总监理工程师：_____ 　　　　　　　　　　　　　　　　　　　　　　　　　　　　日　　期：_____

注：①此表为"分项工程(其他项目)计量汇总表"的附件；
　　②此表一式二份,承包人、监理人各一份。

价格调整申请表

表 7-9

承包人：_____ 合同编号：
监理人：_____ 预付款申请编号：

监理人_____：

根据合同_____的规定,我要求进行价格调整,价格调整的起讫时间为　年　月至　年　月,申请调整金额增加合计_____元。报请审批。

附件:价格调整计算表,有关证明材料及资料。

承包人：_____
日　期：_____

计量支付监理工程师审核意见：

计量支付监理工程师：_____
日　期：_____

总监理工程师审批意见：

总监理工程师：_____
日　期：_____

注：①此表为"分项工程(其他项目)计量汇总表"的附件；
　　②此表一式二份,承包人、监理人各一份。

索 赔 申 请 表 表 7-10

承包人：_____　合同编号：_____
监理人：_____　索赔申请编号：_____

监理人_____：   　　根据合同条款_____的规定，由于_____的原因，我要求索赔金额(人民币)_____元，索赔工期_____天。报请审批。   　　简要说明(详细见附件)：   　　1.索赔理由及经过：   　　2.索赔金额计算：   　　3.索赔工期计算：   <div style="text-align:right">承包人：_____ 日　期：_____</div>
计量支付监理工程师审核意见：   <div style="text-align:right">计量支付监理工程师：_____ 日　期：_____</div>
总监理工程师审批意见：   <div style="text-align:right">总监理工程师：_____ 日　期：_____</div>

注：①此表为"分项工程(其他项目)计量汇总表"的附件；
　　②此表一式二份，承包人、监理人各一份。

工程变更计量申报表

表 7-11

承包人：_____ 合同编号：
监理人：_____ 工程变更计量申请编号：

监理人_____：
兹申报本期(_____年_____月)完成的变更工程,统计于下表,合计金额元。请予核查确认,这将作为我本期申请付款的依据。
附件：1. 变更指令 　　　2. 中间交验证书 　　　3. 工程量测量、计算数据及说明
承包人：_____　日期：_____

变更工程名称：					变更指令号：		
中间计量表编号：							
序号	项目工程内容	单位	数量	批准单价（元）	合价（元）	监理人核定	
						数量	总价(元)
	合计						

监理人审核意见：
计量支付工程师：_____　日期：_____

注：①此表为"分项工程(其他项目)计量汇总表"的附件；
　　②此表一式二份,承包人、监理人各一份。

变更指令(第　　号)　　　　　　　　　表 7-12

承包人：_____　合同编号：

监理人：_____　变更指令编号：

变更指令类别：1. 数量调整□　　2. 额外或者紧急工程□
3. 延长时间□　　　4. 修改设计更改范围□

承包人_____：
　　现决定对本合同工程项目作如下变更或者调整,请遵照执行。

项目编号	变更项目内容	单　位	数量(增或减)	单价(元)	增加金额(元)	减少金额(元)
	合计					

变更或额外/紧急工程描述及其他说明：

合同金额的增减：	合同工期日数的增减：
1. 原合同金额：_____元;	1. 原合同工期(日历天)：_____天;
2. 以往变更指令的累计总额：_____元;	2. 本变更指令的延长工期：_____天;
3. 本变更指令涉及的 　变更金额增减(＋或－)：_____元;	3. 迄今延长合同工期总数：_____天;
4. 现合同金额：_____元;	4. 现合同工期(日历天)：_____天。
5. 变更比率 　(现合同金额/原合同金额)：_____。	

总监理工程师：_____　日期：_____

注：①此表为"工程变更计量申报表"的附件；
　　②此表一式三份,承包人、监理人代表、总监理工程师各一份。

违约金(其他付款)申请表

表7-13

承包人:＿＿＿＿＿＿＿＿＿＿＿＿ 合同编号:
监理人:＿＿＿＿＿＿＿＿＿＿＿＿ 违约金申请编号:

监理人＿＿＿＿＿＿＿＿＿＿＿＿＿:   　　根据合同条款＿＿＿＿＿＿＿＿＿＿＿＿＿＿＿＿的规定,由于＿＿＿＿＿＿＿＿＿＿＿＿＿＿＿＿＿＿＿＿的原因,我要求支付违约金(人民币)＿＿＿＿＿＿＿＿＿＿＿＿＿＿＿＿＿元。报请审批。 附件:违约金及其他支付证明材料。 1. 费用支付理由及经过: 2. 支付费用的计算: 　　　　　　　　　　　　　　　　　　　　　　　　　　　承包人:＿＿＿＿＿ 　　　　　　　　　　　　　　　　　　　　　　　　　　　日　期:＿＿＿＿＿
计量支付监理工程师审核意见: 　　　　　　　　　　　　　　　　　　　　　　　计量支付监理工程师:＿＿＿＿＿ 　　　　　　　　　　　　　　　　　　　　　　　日　期:＿＿＿＿＿
总监理工程师审批意见: 　　　　　　　　　　　　　　　　　　　　　　　　　　总监理工程师:＿＿＿＿＿ 　　　　　　　　　　　　　　　　　　　　　　　　　　日　期:＿＿＿＿＿

注:①此表为"分项工程(其他项目)计量汇总表"的附件;
　　②此表一式二份,承包人、监理人各一份。

思考题与习题

1. 什么是支付证书?支付证书可分为哪几类?
2. 各类支付证书的共性和区别有哪些?
3. 各类支付证书支付费用的时限有哪些要求?
4. 计量支付表格分成哪几种类型?是以什么标准进行分类的?
5. 监理人在处理竣工结算支付过程中,应该重点注意哪几个方面的问题?

参 考 文 献

[1] 季永华,吴九民.费用控制.北京:人民交通出版社,2003.
[2] 国家发展和改革委员会,等.中华人民共和国标准施工招标文件.北京:中国计划出版社,2007.
[3] 中华人民共和国合同法.北京:中国民主法制出版社,1999.
[4] 中华人民共和国交通运输部.水运工程标准施工招标文件.北京:人民交通出版社,2008.
[5] 中华人民共和国交通运输部.水运工程工程量清单计价规范.北京:人民交通出版社,2008.
[6] 中华人民共和国交通运输部.水运工程施工通则.北京:人民交通出版社,2011.
[7] 中华人民共和国交通运输部.水运工程质量检验标准.北京:人民交通出版社,2008.
[8] 中华人民共和国交通部.水运工程施工监理规范.北京:人民交通出版社,2000.
[9] 中国工程咨询协会.工程项目管理导则.天津:天津大学出版社,2010.
[10] 成虎,钱昆润.建筑工程合同管理与索赔.南京:东南大学出版社,1997.